齋藤　孝

みんながラクになる“働き方改革”

できる大人の「手抜き力」

39401

はじめに――ムダを省いて〝働き方改革〟を

みんながラクになる〝働き方改革〟に必要なもの。それは、ムダを省き、集中すべきことにエネルギーを注ぐ「手抜き力」です。

手抜きという言葉は否定的な意味合いを持ちますが、あえて「力」を付けることで、ムダを徹底的に減らす「手抜き力」というポジティブな言葉を作ってみました。

簡単に言えば、抜いていい所は抜き、重要なポイントに力を集中するのが「手抜き力」です。力を抜いてはいけない所で抜くのは、手抜き力ではなく、単なる手抜きです。

「常に全力」では疲れてしまいます。一流の投手は省エネ投法を身に付けています。メリハリをつけるのが大人の仕事術と言えます。

エネルギーがうまく配分されて、流れがよくなれば、みんながラクになります。これこそ〝働き方改革〟の基本です。

私は、近年、複数の仕事を並行的にこなさなければならない状況が続いています。テレビ番組出演の仕事があり、メディアの取材があり、講演があり、本の執筆があり、本業である大学での授業もある。

そんなマルチタスクを求められている私が改めて感じるのは、現代のビジネスでは「ムダなことを省略する」意識がものすごく大切だということです。

しかしながら、いろいろなところで仕事をしていると、そうした意識を持っている人が思ったよりも少ないように感じます。

「いつもやっているから」「決まりだから」というだけの理由で、ともすれば不要とも思えるような手続きを踏むことに疑問を覚えない人が少なくありません。

現代社会は、ストレスマネジメントが重要視される時代でもあります。日常生活にせよ、ビジネスシーンにせよ、いかにしてストレスを軽減するか、ストレスを解消するかが現代人にとって非常に重要な課題になっています。

ストレスの元凶にはいろいろありますが、とくにビジネスにおける精神的なストレスの大きな原因となっているのが「不毛感」や「徒労感」という感覚です。

かなりの手間と時間をかけて仕事をしたにもかかわらず、「これだけやったのに、結果これだけ？」という無益な労苦に直面したとき。

大変な思いをして取り組んでいた仕事がなしになったとき。

重要だと思って力を注いだ仕事が、本当はさして重要でもなかったとき。

肉体的にも精神的にもムダなエネルギーを使ってしまったとき――

こうしたとき、人はモチベーションをなくし、大きな徒労感や不毛感を感じます。

ここでもキーワードとなるのは、「手間」「時間」「ムダ」という3つの言葉です。手間のムダ、時間のムダがストレスの元凶になっているんですね。

逆に言えば、最小限の手間や時間で結果が出た、成果が上がったという〝コストパフォーマンス〟のいい仕事ができると、一気にストレスは軽減します。

そう考えると、できる限りムダな手間を省いていくことが、現代人のストレス軽減にプラスの影響を与えることになると言えるのです。

本書のテーマである「手抜き力」とは、そうした不要な手間や時間、ムダなことを徹底して省くスキルのことです。

手抜きという言葉には、本来「するべき手続きを故意に省くこと」という意味があり、手抜き工事、手抜き作業などのネガティブな表現としてよく使われます。

ですから「ビジネスで手抜きなんて不謹慎な――」と思われるかもしれません。でもご安心ください。本書のテーマは「手抜き力」です

「力」という言葉は非常にポジティブな概念を意味します。「手抜き」にも「力」が付くことで、「抜くべきムダ、抜いていい手間なら、徹底的に抜ききろう」という前

向きな行動を意味する言葉に変わるんですね。

「手抜き力」が仕事にスピードをもたらす

不要な手間やムダを省く「手抜き力」には、徒労感をなくしてストレスを軽減することに加えて、「仕事の速さ」をもたらすという効用があります。

現代社会では、とくにビジネスにおいては、「スピード」という要素が重要視されます。今の時代、「仕事ができる」というのは、いちばん肝心なところ=本質はしっかり押さえて、しかもスピードが速いことを指します。ていねいだけど時間がかかるというのは、「仕事ができる」ことにはなりません。

「現代社会では」と書きましたが、実は2500年近くも昔に記された中国古代の兵書『孫子』にも、スピードの重要さに関する記述があります。例えば、

『拙速は巧遅に勝る』

(出来がよく遅いより、拙《つたな》くても速いほうがいい)

『兵は拙速を聞くも、未だ巧久を睹ざるなり』

（戦争は、多少やり方が拙くても迅速に行動して勝った事例はあるが、完璧を期した戦略を立てて長引かせて勝った事例はない）

「拙速」とは、本質以外のことにムダな手間や時間を割かずに迅速に行動すること。

「巧遅」とは、手間や時間を費やして、完成度の高さを期すこと。

つまり、『孫子』でも「拙速」のほうがいいと説いています。

ムダを省いて素早く行動する――古代中国の時代から現在に至るまで、仕事にはスピードと、それを実現するための手抜き力が求められ続けているのです。

私は、「早い・確実・成果が上がる」がビジネスの3大ポイントだと考えていますが、かつての日本には、速さよりもじっくり時間をかけることを重視する発想がありました。

例えば、民俗学者の宮本常一さんが書かれた本『忘れられた日本人』（岩波文庫）に、「村の寄り合い」の話が出てきます。

宮本さんがある村に出向いて、研究のためにその村のある資料を借りたいと申し出るのですが、村の人たちは「それは、寄り合いで決めましょう」と言います。

ところが1日経っても、2日経っても決まらない。「あの件はどうなってるんだ?」と思いかけた頃に、ようやく寄り合いで「あの人(宮本さん)はなんとなく信用できるから貸してもいいか」という結論になり、借りることができたと宮本さんは書いています。


資料を貸すという、それほど時間がかかるとも思えないことでも、毎晩のように集まって「寄り合い」を開き、村の人たちみんなの同意と納得を得てから決定する。

確かにこうした慣習が、共同体を維持していくために効果的だとされていた時代もありました。常にみんなの意見を聞き、みんなが納得できる答えを出すことができます。

寄り合いとは、〝古きよき時代〟の日本的な一種の民主主義のあり方ではないかという提言もあります。

しかし、「何でも、どんなことでも、すべて寄り合いで決める」というのは、考えようによっては大きな手間とも言えます。

時代は大きく変わりました。

寄り合いとは江戸時代の風習の名残でもあり、変化のテンポが緩やかな社会だからこそ許された作法です。今は3年もすれば社会構造もビジネススタイルも大きく変化してしまう時代です。すべての意思決定を寄り合いのようにやっていくわけにもいきません。

全員の意見が必要な事柄に関しては寄り合いを開き、その必要がない場合は、それに関わっている人たちでパッパと決定する――。そうした臨機応変でスピーディな意思決定が求められる時代に、私たちは生きているのです。

手抜き力とは「ムダ手間抜き力」のこと。

不要な手間やムダな時間を省くことで、徒労感によるストレスが解消され、貴重な時間が生み出され、仕事はシンプル化されて、スピード感がもたらされます。

手抜き力とは、現代社会に見事にマッチした、現代人が身に付けるべき、非常にポジティブなビジネス・スキルのこと。

ぜひ、その極意を知っていただきたく思います。

この作品は二〇一四年に小社より刊行された『手抜き力』
を改題のうえ文庫化したものです。

みんながラクになる〝働き方改革〟

できる大人の「手抜き力」

◎目次

CONTENTS

4章 手抜き力を磨くトレーニング

第1章

手抜き力とは何か

1 手抜き力とは「ムダをそぎ落とす力」

要らない手間、抜けるムダは徹底して省く

本書でいう「手抜き力」とは、不必要な手間や時間を省くことで、物事をシンプルに、スリムにして作業効率をアップさせるスキルのこと。「ムダをそぎ落とす力」、「省エネマインド」と言ってもいいでしょう。

仕事ができる人とは、たくさん仕事をする人ではありません。長く仕事をしている人のことでもありません。要領よく仕事をこなしていける人のことです。言葉を変えれば、ムダな仕事をしない人のこと。**最小限の労力で、最大限の結果を出せる人**のことです。

そして最小限の労力で済ませるには、どこまで不要な手間を省けるか、ムダな手を抜けるかが非常に重要になります。

ですから、できる人は「抜ける手間はすべて抜こう」という発想から仕事に入りま

す。どこまで抜いても大丈夫なのかを考える。

『スティッキー』というゲームをご存知ですか。太さの異なる3色の棒の束から棒を1本ずつ抜いていって、束が崩れたら終了という〝棒倒し〟に近いボードゲームです。棒の抜き方が悪いとすぐに倒れてしまうけれど、抜き方が上手だと最初は20本くらいあった棒が、３本になっても立っていられる。逆に言えば、崩さないためには３本あれば十分ということにもなります。

仕事ができる人の発想はそれと似ています。最低限きっちり支えられる3本の柱を残しておいて、ほかはすべて抜いていこうと考えるんです。

もし抜き方を間違えて倒れたらどうするんだ？　万が一不可抗力が働いて倒れたらどうするんだ？――ということは考えない。「もし」とか「万が一」が起きそうなとき、起きたときは、それはそれ。そのときに対処しよう。そう考えるんです。

万が一を気にしすぎることが、不安や心配性、取越し苦労を生み、それが仕事を遅くし、ストレスの元凶にもなっていきます。

もちろん、すべての仕事がそれでいいということではありません。常に「万が一」を考えておかなければいけない仕事もあります。人の命や財産に直結するような領域の仕事の場合は、それこそ万が一を想定して仕事をしなければならないのは当然です。

でも、プレゼンとか会議の資料をつくるとか、営業で商品を売るとか、人の生き死にに関係のない領域・分野の仕事では、効率を最重要視するほうがいい。

手抜きをしてはいけない仕事と、手抜きをしたほうが効率がよくなる仕事。抜いていい手間と、抜いてはいけない手間。これをしっかり見極めて、手抜きを有効なスキルとして活用できる能力、それが「手抜き力」です。

「時間の浪費」という最大のムダを省く

最近、テレビ出演の仕事が多いのですが、雑誌や新聞などの取材と違ってテレビ番組の収録は時間がかかります。とくにロケだと移動時間などもあるため、より多くの時間を取られてしまうんです。またスタジオ収録と違って、もし撮り残しや撮り忘れなどが出たり、後で確認したらうまく撮れていなかったりしても撮り直しが非常に難しいため、ある程度の予備シーンも撮影しておく必要があります。ですからロケでは、撮影時間が長くなるのは覚悟しています。

ところがある収録で、30分の番組に20時間もの撮影時間が組まれていたことがありました。20時間といえば、本編の40倍もの時間になります。

さすがにこのときは現場のスタッフの方々に「ちょっと長すぎませんか。もう少し短くなりませんか」とお願いをしたんです。必要なシーン、最低限用意しておきたい予備シーンに時間がかかるのは何の問題もない。でも短い移動時間で回れるような撮影の順番とか、同じ背景のシーンはまとめて撮って後で編集するといった方法とか、出演者がスムーズに出入りできる段取りとか、そうした基本的な手順や段取りを徹底的にチェックしたらどうなるか、一回シミュレーションしてもらえませんかと。

すると撮影時間が少し短くなったんですね。2割減くらいだったでしょうか。そこでさらに、「まだ多すぎます、もっと減らせませんか」ともうひと押ししました。

結果、最終的に当初20時間だった撮影時間が8時間くらいにまで短縮できた。6割の時間削減に成功したんです。このときはみんな「やればできるじゃん」という感じでしたね。

私が撮影時間の削減にこだわったのは、**時間を「資産」だと考えているから**です。

テレビのロケは常に10人以上の人が関わって進行しています。ロケの撮影時間は、その10何人か全員が、同じ分量だけ供出している「みんなの資産」なんです。みんなが出し合った貴重な資産なのだから、ムダなく大事に使いましょうと思うんです。

例えば、10人の部員が1千円ずつ出し合って部費が1万円集まったとしましょう。それを部活動と関係のないお菓子やジュースを買うのに使ってしまったら、全員が出した部費がムダになってしまいます。時間もそれと同じなんですね。

そのときに一緒にいた出演者の方にも感謝されました。「そう思っていたけれど自分からは言えなくて。言っていただいて助かりました」と。

明らかにムダとわかっていても、立場上、それを指摘できない人もいるわけです。それを言うと「あれこれ注文つけるなら、次からは使わない」となってしまう恐れもありますから。ですから全員が、膨大な時間の垂れ流しに耐えざるを得ないわけです。

私の場合はほかの仕事もありますし、芸能人ではないのでテレビの仕事がなくなったとしても、別に困るわけでもないのでズバリと言ってしまえるのですが。

それとは逆のケースもあります。

芸人の有吉弘行さんがMC（司会）をしている『有吉反省会』という番組がありま す。私もときどき、そこに出演させていただくのですが、とにかく撮影時間が短い。30分番組なのに、40分くらいで撮影してしまうんです。スタジオ収録ということを差し引いても驚異的な短さでしょう。あっという間に収録が終わるんです。

30分番組で40分しかカメラを回さないということは、ムダ撮りが少ないということ。

それでいて常に視聴率がいい。テレビ番組では画期的なことだと思います。

そのいちばんの理由が、有吉さんのコメント能力と番組進行能力の高さにあることは間違いのないところです。コメントの打率が非常に高く（おもしろいコメントが多く）、カットせずにほとんど全部使える。魚にたとえれば、捨てるところがなくて全部食べられる「マグロ状態」なんです。ですから撮影イコール本編に近い収録が可能になるんですね。

しかしその陰で、収録の段取りのよさ、ムダのない時間配分といった番組スタッフの貢献度も非常に高いと私は考えています。

撮影したものはムダなく使うという発想と、そのための正しい手抜き（＝手間抜き）が収録現場の雰囲気を向上させ、テンポのいい収録を可能にしているのです。

「いい番組、おもしろい番組」＝「丁寧につくりこんだ番組」ではありません。むしろ丁寧に手間をかけてつくりこまなければいい仕事ではないという考え方が、仕事そのものをモタつかせて関わる人々のストレスを大きくさせていることさえあるのです。

ムダのないコメント、ムダのない進行、ムダのない収録。そしてしっかり結果を出す。ポジティブな手抜き力が見事に発揮されている番組だと思います。

日本人はムダ省きの美学を持っている

先年亡くなられた、まど・みちおさんという詩人がいます。あの有名な童謡「ぞうさん」の作者です。

ぞうさん
ぞうさん
おはなが　ながいのね
そうよ
かあさんも　ながいのよ

（まど・みちお、『まど・みちお詩集』角川春樹事務所、1998年、14頁）

みなさんもよくご存知でしょう。では、これは、誰と誰が会話をしている歌だと思いますか？　象の親子ではありませんよね。象に向かって「鼻が長いのね」と言っているのですから、はじめの話し手は象以外のものということになります。

つまり、鼻の長い象に対して意地悪な気持ちを込めて、「あなたって、お鼻が長いんだね」と言っている、そういう歌なんです。

ちょっと太めの人に「ふくよかねぇ」と言うようなもの。象に対してほんの少しの皮肉が込められた歌なのだと解釈できるわけです。

でも、それを聞いた子象は、皮肉だと受け取らずに、素直な気持ちで「そうよ、母さんも長いのよ」と答えてしまった。

つまりこの歌には、意地悪な気持ちを含んで言った言葉も、素直な子どもの象には通じなかった――純粋な素直さは無敵なんですよ、という思いが込められているんです。

これはまど・みちおさんご本人がそうおっしゃっています。

「ぞうさん、お鼻が長いのね」

「そうよ、母さんも長いのよ」

というただ1回のやり取りだけのなかに、その思いがすべて含まれているのです。すべてを言葉で説明しようとすると、「意地悪な人が、象の子どもを見て、皮肉交じりに『ぞうさん、お鼻が長いのね』と言いました～」という冗長なものになってしまいます。

しかしまどさんは、ムダな言葉を徹底的に省きに省いて、短い詩に凝縮しました。

これぞ詩人の仕事です。歌の奥深くにある思いまではわからない人でも、なぜか心を惹かれ、記憶に残り、つい口ずさんでしまう。**極限までムダをそぎ落とした文章の美しさ、シンプルを極めた文章の力強さがそうさせる**のですね。

俳句にしてもそう。「五・七・五」で、たったの17文字です。抜いて、抜いて、抜いて。ほんとに、外国人が見たら、「こんなに短いのって、手を抜いているんじゃないのか」と思われるかもしれません。

それは日本独自の「省略の文学」なんです。いらないものは省いて、抜いて、そぎ落とす。そうすることで、文字の書かれていない「行間」や「余白」にまで、あたかもそこに何かが書かれているかのような味わいが出てくる。

水墨画にしても、墨と水と紙で織りなされるシンプルな芸術。室町時代の雪舟《せっしゅう》の作品などを見ても、こまごまとした描写をせずとも、奥深い風情が伝わってきます。

ムダを省いてシンプルを極めることによって「足りなさ」どころか、より深い味わいを生む。私たち日本人は、本来そういう美学を持っています。

こうした美学は、芸術の世界だけでなく、私たちの日常生活や日々のビジネスにもきっと応用できるはず。ムダを省くという行為からは、芸術的な美しさや力強さだけでなく、実用的な機能性も見い出せるはずです。
それが本書の提唱する「手抜き力」なのです。

2 手抜き力とは「本質を捉える力」

どこで手を抜けるか、目端《めはし》を利かせる

抜ける手間はすべて抜こう、どこまで手を抜けるか、という発想を持つことによって磨かれるもの、それは物事の本質を見極める力や感性です。

本質とは、いちばん肝心な部分、「肝（キモ）」となる部分のこと。ほかのことはどうでもいいから、一気に「肝＝本質」だけを狙って物事を進める。

手抜きが上手な人は、要領のいい人でもあります。要領がいい人とは、手際がよくて物事の処理能力が高い人。ムダなことをせず、必要なことだけをテキパキとこなす人です。

「必要ではないこと」はやらずに、「今、必要なこと」だけをする。これはまさに手抜き力の基本原理と言えます。

同じ結果が得られるなら、労力の少ない方法を選ぶ。重要なのは目的の達成であっ

て、手順を踏むことではないということをわかっているんです。

さらに要領のいい人は仕事の〝目端〟が利きます。「この目的の達成にはこれをやればいい、ここまでやる必要はない」という本質、肝の部分をつかむのが早い。仕事の本質鑑定人のようなものでしょうか。

例えば要領のよくないAさんが、時間と手間をかけて準備して、結果的に10のエネルギーを使って目的を達成したとします。

しかし要領のいいBさんは、同じ結果を出すには10もエネルギーは必要ないだろうと考えます。Aさんが10のうち「過剰な準備」と「念のための手間」に6をかけたとしたら、自分はその分は手を抜いて、4のエネルギーで同じ結果を出せると考えるわけです。

そしてBさんは、浮かせた6のエネルギーでほかの仕事をする。同じエネルギーを消費しながら、並行して仕事ができることになります。

ムダな気遣いや、本質とは無関係な手間を省けることで、仕事のスピードもアップし、並行的な仕事、マルチタスクがこなせるようになり、その結果、仕事のキャパシティも広くなるのです。

「今やるべきこと」を見極める

目端が利く人というのは、今すべきことは何かを捉える感覚に優れている人です。それは現在の状況にいちばんフィットしていることを瞬時に見抜いていく感覚でもあります。

料理の味付けで難しいと言われるのが塩加減です。少なすぎると料理が全体的に薄ぼんやりした味になってしまいますし、逆に多いとしょっぱすぎて味どころの騒ぎではなくなってしまう。料理によってその中間のちょうどいいところ、いいさじ加減というものが存在するんですね。

過不足なく、調和がとれているこの状態を「中庸」というのですが、この中庸がどこかが瞬時にわかる人が、料理上手と呼ばれる人です。

塩が足りないと塩を足さなければいけない、多すぎると今度は塩を抜くのが大変、ということでどちらにしても手間が増えます。料理上手な人は塩加減を瞬時につかむので、そういうムダな手間が省けるんです。

この「ちょうどいい」を見つける能力は、仕事にも通じる部分があるのです。

仕事における「ちょうどいい」とは、「今やるべきこと」に置き換えられます。今やっておけば仕事の進行が速くなる。今後の展開が楽になる。今しておかないと後々必ず不具合が起きる、大詰めで時間が足りなくなる――それが「今やるべきこと」。

逆に、的外れなことに手を付けて、全部の段取りが狂ってしまう。かえって二度手間になってしまう――それが「やらなくていいこと」。

ここで言う「今やるべきこと」が、すなわち、今の仕事における「本質」になります。これを瞬時に見分ける能力が「仕事の目端が利く」ということです。

余談になりますが、料理上手な人は、総じて優れた「手抜き力」の持ち主です。とくに毎朝、お子さんとご主人のお弁当をつくっている主婦の方は、間違いなく手抜き名人、段取り名人でしょう。

昔のように梅干しと白飯というわけにはいかない現代、お弁当をつくる手間はかなりのものでしょう。すべてのおかずを朝つくっていたらとても間に合いません。

そこで時間のあるときにおかずを大量につくって冷凍しておく、野菜や肉は前日の夜に切ったり炒めたりしておく、切ったり洗ったりするだけの食材を常備しておく――。当日の朝、短時間でしかも手を抜いてもできるように事前に準備しておくという発想は、まさに「今やるべきこと」を見極めてこなす力で、それは手抜き力の本質でもあります。

本質以外はバッサリと切り捨てる

「本質」を見極める、ということは、それ以外は捨てるということでもあります。

大学の授業で、学生にレポートを提出させることがあります。すると、よくあるのが「ベタッとした」内容のものです。「ベタッとした」というのは、メリハリがない平坦な内容ということです。

そうしたレポートを見るたび、学生には「もっと濃淡をつけるとか、色分けするとかしてくれ」、あるいは「『ここが最大のポイントです!』っていうのくらいわかるようにしようよ」と言っています。

また私は大学で、学校の先生になる人のための教職課程の授業を受け持っており、授業指導をする機会も多いのですが、そこでは学生に毎回「授業案」なるものを作成してもらい、それに沿ってシミュレーションしていきます。その場合に多いのが、見事に「授業案通り」というケース。案に書いた授業範囲とその内容をひと通りベターッとやる。もちろん授業範囲をすべてカバーするのはいいのですが、それが目的になってしまっているんですね。

だから授業にメリハリがない。それゆえに終わった後、内容が何も頭に残らないのです。そんなとき私は、声に出すような強調の仕方をすすめています。今日の授業のいちばんのポイントを、テンション高めに学んでみようと。

「そうだったんだ、摂関政治！」とか「すごすぎるよ、廃藩置県！」といった感じです。授業というのは感動がなければダメなんだ、授業の本質は感動なんだ、と。廃藩置県に驚けないようではダメなんだよという感じで指導しているんです。

教える側が廃藩置県に驚く、感動する、すごい、すごすぎると思わなければ、子どもたちに伝わるわけがない。教師が感動していなければ授業に感動が生まれるわけがない。授業の本質を考えてみなさい、と。

極論を言えば、その授業では廃藩置県だけを覚えてくれればいいんです。ほかの部分は省いたってかまわない。むしろできるだけ省いたほうがいいくらいです。

それだけ感動的なメリハリがついた授業をすれば、間違いなく廃藩置県のことは学びとなって残ります。子どもたちも「武士は、自分たちの職がなくなるのに自分で藩をなくしちゃったんだ。それってすごすぎるよ、廃藩置県！」となる。

すべての範囲をこなすことだけに追われて平坦な授業に終始し、子どもたちには生涯覚えているような印象が残らない。それならば、ひとつだけでも強烈な印象を持って覚えさせたほうが、価値がある授業になります。それが学びの〝本質〟なんですね。

授業に求められているのは、**本質を捉えて最大限の力を注ぎ、それ以外は思い切って切り捨てるという覚悟**なのです。

旅慣れている人は、長旅のときでも驚くほどに荷物が少ないものです。何でもかんでも持っていくということをしません。本当に使うものだけをバッグに入れて、そのほかは「もし必要になったら旅先で何とかすればいい」と割り切っているからです。

「これだけは」というものだけ残して、あとはバッサリ省略する。覚悟を持って物事にメリハリをつける。「手抜き力」の精神はここにあります。

手を抜くからこそ集中できる

そもそも、ほとんどの人は、一度にひとつのことにしか集中力を注ぐことができません。仕事をしていても、今やるべきことに集中しようとすると、そのほかの部分にはどうしても細やかな対処ができなくなります。

ですから、そのとき不要なものは省いて、やるべきことに集中する必要があるのです。どこかで上手に手を抜かないといけないわけです。

例えば、今と違って、昔の男子大学生にはファッションに気を遣うような人はあまりいませんでした。当時の学生の多くは、洋服や持ち物よりも、本を読むとか勉強する、議論をするということに重きを置いていたのです。

とくに戦前は学生さんは「バンカラ」と呼ばれ、ひたすら本を読み、議論ばかり。そのほかのことにはまったく関心がないし、気を遣わないのが普通でした。

自分にとって大事なこと以外は、まるっきり興味なし。すべて手を抜いているんです。

今でもひとつのことに集中すると、それ以外のことが全部抜けてしまう人はいます。私の知り合いのある予備校の先生は、年柄年中同じような服を着ていました。いつ会っても着ているものが一緒なんです。その先生いわく「私の仕事は勉強を教えること。着るものにエネルギーを使うなんてバカバカしい。いつも同じ背広で十分」、「私が何を着ていたって、学生諸君の勉強には影響ないでしょう」と。

スティーブ・ジョブズはイッセイミヤケの黒いタートルネックを愛用し、「これだけあれば、一生間に合う」ほど持っていて、常にそれを着ていました。それが彼のトレードマークにもなったほどです。

ジョブズは着るものに興味がなかったわけではないのかもしれませんが、黒のタートルネックがあれば、「今日は何を着る?」とコーディネートを考える必要がなくなります。

そのうえ、オシャレなブランドで見る人に不快感を与えない、むしろカッコいいとなれば、それだけで日常生活でかかるひとつの大きな手間が省けることになります。ジョブズのようにオシャレな感じではないのですが、実は私も今、ひとつ実践していることがあります。それは靴下。

履き心地がいい、フィット感がいいという靴下を見つけたら、一度に20足くらいまとめ買いするんです。

色やデザインが違う靴下だと、片方しかないという半端な靴下がたくさんできてしまいます。片方を履いたはいいけれど、もう片方がどこかにいっちゃった、となると、探すのがもう面倒くさい。でも同じ靴下が20足もあれば、どれを取り出して履いても左右がバラバラになることはありません。まったく同じものをたくさん揃えて、**どれを組み合わせても大丈夫**なようにしてあるんです。

忙しくて時間に追われているとき、仕事に意識をグッと集中したいときほど、それ以外のほんの些細な面倒事が気になってしまうもの。たかが靴下ですが、その些細なストレスがないだけでも気持ちが変わってくる、それが人間です。

もちろんオシャレが好きで身に着けるものには気を遣いたいという人は、洋服以外の別の何かで手を抜けばいいわけです。

集中したいこと、物事の本質に力を傾注するために、ほかでは手を抜く。

他人に迷惑をかけたり、不快感を与えるような手抜きがＮＧなのは言うまでもありませんが、本当に大事なこと以外は、もう「どうでもいい」くらいの気持ちで、メリハリをつけて仕事や暮らしに臨むことが、集中を生み出します。

手を抜くことで集中する――この逆説こそ、手抜き力の効果なのです。

3 手抜き力とは「融通を利かせる力」

自分でコントロールできないことには悩まない

仕事には、自分でコントロールできるものとコントロールできないものが存在します。

例えば、自社で数社合同のプロジェクト会議を開催するとします。自分たちがホスト役になるため、事前の段取りなどは自分でコントロールできる仕事になります。

そこで関係各位への連絡、事前に目を通しておいてほしい資料の作成、レジュメづくり、当日のタイムテーブル設定、会場のセッティング、議事進行の段取りまで、コントロールできるものに関してはすべて取りまとめて段取りをしておく。

完全な青写真をつくって現場に行ったらその通りに進めて終わり。そうすることで、当日の現場ではムダのない進行が可能になります。

問題はもう一方の、自分ではコントロールできない場合です。

私が大学で教えている学生たちが教育実習に行くと、実習先で授業案をつくることになります。

なかには授業時間を分単位・秒単位で分割したタイムテーブルをつくって、「ここではこれ、その次はここを」と、キッチリ練り込んだ授業案を立ててくる学生もいます。

でも、生身の生徒たちを相手にする授業は、なかなか自分の思い通りにはいきません。自分ではコントロールしにくい仕事だと言えます。

それなのにあまりに綿密すぎる計画を立てたことが、むしろ本人にとってマイナスに働く場合もあります。綿密すぎて融通が利かなくなってしまったということです。

相手がいて、いろいろ調整したり検討したりして進める仕事は、最初からあまり細かく決めておいても仕方がありません。

ここであれこれケーススタディを考えたところで、当日現場に行かなければわからない。現場に行って相手のリクエストを聞いてみたら「全然違った」といったことが十分にあり得ます。あれこれ考えて準備したことがムダになってしまいます。

だったら現場に行かなければわからないことを思い悩んで時間や手間をかけることはやめて、バッサリと手を抜く。事前にリクエストをはっきり聞いておいて、最低限これだけはという大枠を決めておいて、後は当日の流れやその場の状況で判断していこうという発想も必要なんです。

手間をかけ過ぎる人は、後の融通が利かない対応マニュアルをつくってしまいがちです。相手があることで自分だけではコントロールできないのに、100%ガチガチのスキのないものを用意しようとする。

先が読めない場合は、出たとこ勝負で、「相手に会わなきゃわからないんだから、6割方のたたき台でいい」、と力を抜いて臨むほうが、むしろ仕事効率もアップします。

ポジティブな手抜きで準備して、後は現場で臨機応変に対応する。それが融通を利かせるということなんです。

マニュアル&手続き重視が仕事のムダを生む

しばらく前に「マニュアル人間」という言葉がよく使われました。

そもそもマニュアルとは「手順」という意味であり、仕事の手順や進め方が必要最小限にまとめられたもの。まったくの素人でもアルバイトでもパートのおばさんでも、そこに書いてあることさえ読めばすぐに戦力になる。何年もやってる人と同じように働ける。研修や訓練にかける手間と時間を効率よく省くための便利なものでした。

しかし今、「マニュアル人間」と聞くと、ほとんどがマイナスイメージを持つようになっています。それは、言われたことしかできない。マニュアルに書かれたことしかできないからです。

マニュアルに載っていることしかできないから、書かれていない想定外のことが起きると、とたんに思考も行動もストップしてしまう。状況に応じて臨機応変に行動することができないのです。そしてこの**臨機応変な対処能力こそ、融通が利くということ**です。

マニュアル人間とよく似た、これまた融通が利かないタイプの人たちが存在します。それが「手続き主義」の人たちです。

お役所での仕事ぶりを見ればよくわかるとも言われますが、ともかく所定の手続きを踏むことだけに血道をあげる「手続き〝至上〟主義」のような対応に不満を感じたことがある人も少なからずいると思います。

「手続き主義」の人は、何よりも通常と違うことを極端に嫌います。既存のやり方から外れるような、余計なことをしたくないという意識が強い。

その手続きに意味があろうがなかろうが、それによってどこかの仕事が止まろうが関係ない。とにかく「こうするのが決まりですから」「ウチはこうですから」になってしまう。その人に意思決定力がないということもありますが、それ以上に臨機応変さがない、融通が利かないということです。

もちろんお役所に限らず、どこの会社でも似たようなことはあるでしょう。

例えば、地方の取引先に郵送で書類を送ろうと、社名入り封筒を1枚だけ総務部にもらいに行ったら、「上長が押印した申請書を持ってきてください」と断られた。出先で急きょ取引先のお偉方と食事をすることになり、領収書をもらって経理に出したら、「1万円以上の接待費は稟議がなければ認められません」と突き返された。

私も学生時代、事務に出す書類をうっかり忘れていたことがありました。締め切り当日の午後に急いで持って行ったら、「締め切りは午前中なので、もう締め切りです」と。

何とか頼むと、「郵便であれば今日の消印なら受け付けます」と言われ、仕方なく、そこから郵便局に行って、当日消印で、ついさっきまでいた事務室あてに書類を郵送したことがあります。それを出さなければ進級できなかったのと、忘れたのはこちらなので、文句も言えなかったのですが、何とも融通の利かない対応だったと感じました。

それを知った私の友人は、「学生の本分は学問じゃない。学生の本分は手続きにありだ」と言ってました。

確かに決まりは決まりです。決まりがある以上、それを守るのが当たり前です。しかしそこで頑《かたく》なに手続きを踏ませることが、マイナスの結果を招くこともあります。取引先に書類が間に合わず、契約がダメになるかもしれないし、稟議がなければ急な接待もできないことになると、取引にも影響があるかもしれません。

状況を考えて臨機応変に対処することが、不要な手間や時間を省き、仕事をスピーディに円滑に進めることにもなります。

四角四面のサイコロは転がりません。何度も振らなければならない。でも、その角をすこし丸くすることでスムーズに転がるようになります。

融通を利かせることはそういうこと。四角い頭の角を取ることで、仕事はよりシンプルに、よりスムーズになっていくのです。

大まかな狙いだけは外さない「腰だめマインド」

以前、大学で新しい学部を創設するということになり、そのプロジェクトのアドバイザーのような立場を務めさせていただきました。

打ち合わせをしているとき、その当時70歳近くになる学長がこう言われました。

「齋藤さん、このプロジェクトは『腰だめ』でいきましょう」と——。

「腰だめ」という言葉、ご存知ですか。

今の若い人はあまり耳にしたことがないと思いますが、「腰だめ」とは、「腰のあたりに銃を構えて、大まかな狙いで撃つ」という射撃のスタイルを表した言葉です。

ただし、銃といっても現代のような高性能の銃ではありません。種子島に初めて伝来したと言われた頃の「鉄砲」のことです。

鉄砲もライフルのように長い銃身を持つ銃ですが、撃ち方はまったく違います。私たち現代人はどうしても、ゴルゴ13のようにスコープをのぞいて照準を合わせて撃つイメージを持ちますが、これは精度の高い銃の撃ち方。

種子島伝来の古い火縄銃は精度が低いために、目で見て狙っても全然狙ったところに弾が飛びません。銃を向けた方向にとりあえずは弾が出るというだけです。

だったら銃を腰で安定させて、「あの辺りに標的がいるから、そこを狙ってとりあえず撃て」という撃ち方をしました。それが「腰だめ」です。

学長がおっしゃったのは、**ともかく前に向かってドカンと撃とう**。大まかに狙ってその段階での「キモ」だけを押さえたら、細かいことはその後で考えよう、ということです。大きな仕事をする場合は、些末なことをいちいち考えていても仕事が進まない。だったら大きな目標に向かってともかく前に進もう。絶対に大事な部分だけはしっかり見定めてやり抜こう、と。それが学長の言う「腰だめ」の意味だったのです。

そして学長がさらに言うには、

「腰だめでいきましょう。今、いちばん大事なのは学部のネーミングです」ということでした。学長曰く、

「名前以外は、全部後でやり直すことができる、先生だって授業内容だって取り替えられる。後から変更がきかないのは学部名だけです」と。

私は共感し、そのときのキモとなる学部名を決めることから仕事を始めたのです。

仕事をするとき、最初からすべての懸案事項に正確に照準を合わせて確実に狙い撃ちができるとは限りません。でもキモとなるポイントが見えてきたら、とにかくそのキモの方角に向かって弾を撃つ。そこで命中した懸案事項からこなしていく。この

「腰だめ」という発想は、ある意味で、手を抜きながら「融通を利かせて」仕事を前進させる仕事術ともいえます。

4 手抜き力とは「ストレスを解消する力」

あれこれ悩むより直接聞く

「どんなものを貰ったら喜んでくれるかな」

彼女の誕生日にアクセサリーを贈ろうと、散々考え、悩み抜いて買いました。そして、いざプレゼントしてみると、彼女はその場では喜んでくれたけれど、次のデート以降、つけているところを見たことがない――そんな経験、ありませんか。

要するに「気持ちは嬉しいけれど、あまり自分の好みではなかった」ということです。プレゼントは好意のしるしだから贈る気持ちが大切。もちろんそうですが、結果だけを見ると、手間をかけたのに成果があまりなかった、〝惜しい〟ケースとも言えます。

多くの男性にとって、女性の好みに合ったアクセサリーを選ぶというのは、けっこう難易度の高いプレーと言えます。

確実に喜ばれるプレゼントにしたいのなら、いちばんいいのは彼女と一緒に買いに行く、もしくはどういうものが欲しいかを具体的に教えてもらうこと。つまり、彼女に直接聞くという方法です。これならあれこれ考えて探す手間が省けて、しかも外れがありません。

かつてバブル全盛の頃には、何人もの違う男性から同じブランド品のプレゼントを貰った女性が、ひとつだけ手元に残して、あとはすべてを質屋さんで現金に換えたといった話がよく聞かれました。

私から言わせると、本当に喜ばれたい、そして女性の気も引きたいのなら、そこはひとつ現金をポンと渡して「これで好きなものでも買いなさい」というのがいちばん手っ取り早い。

まあこの行為自体の是非はともかく、ここで言いたいのは、現金をあげることが、相手の「プレゼントで貰った品物を換金する」という手間を抜いてあげることになるんです。

ちょっと生々しい話になってしまいました。

ただ実際のところ、**お金はとても有用性の高い手抜きツール**なんです。「誠意がない」と言われればそうかもしれません。しかし実は、いちばん誠意があるとも言えます。相手の都合に合わせて何にでも形を変えることができる万能のものなのですから。結婚式の引き出物でカタログギフトが人気なのと同じ。これも「新郎新婦の写真入りマグカップ」なんて貰ってどうする、と処遇に頭を悩ませる手間を省くことができます。それと同時に、贈る側の「お返しは何がいい？」と聞いて回る手間も省いているのです。

対人関係における手間の省略、手抜きを考えるとき、「相手に直接聞く」という方法は非常に効果的だということです。

例えば取引先の偉い人と食事をすることになったとしましょう。すると、お店を決める段階で、あの人は何が好きなのだろうか、けっこうグルメらしいから好みじゃない店には連れて行けない……。ならば、かつてその人と食事をしたことがある上司に聞いてみようか――などと、いろいろ考えを巡らすはずです。

そういうときは、ずばり相手に「○○、▲▲、◇◇など、いくつか候補を考えていますが、どこがいいですか」と聞いてしまえばいいんです。するとだいたい「▲▲がいいね」と一発で決まるもの。ものすごく気を遣って考えて、神経をすり減らすくらいなら、「**なんだ、最初から聞けばよかった**」となるはずです。

ごく当たり前のことのように思えますが、「そんなこと、いちいち聞くな」と思われそうだからという理由で、直接聞く人が意外に少ないんです。

確かにそう思う人もいるかもしれませんが、「いちいち聞くな」という人に限って、自分の好みと違うところに連れて行かれたら「え〜、ここなの」と文句を言い出すもの。それなら聞くほうがまだマシです。

相手の意をくみ取る努力も大事ですが、それも時と場合によります。スピードや効率を重要視するビジネスにおいては、聞けばはっきりすることはズバッと聞く。あれこれ臆測《おくそく》する手間を抜くことが、ムダなストレスを解消してくれます。

「マシーン」になればメンタルをすり減らさない

私は漫画『ゴルゴ13』の愛読者で、主人公のスナイパー・デューク東郷（ゴルゴ13）を尊敬すらしています。彼に学ぶべきは、ムダなことを一切しないという生き方です。

彼は超一流のスナイパーで、常識外れの高い報酬を取ります。そしてその仕事を完遂するために、すべてのムダをそぎ落として思考し、行動する。その瞬間、その瞬間で、必要なことは何かを考え、それだけを完璧に遂行していく。

ときには、最終的に仕事の報酬を根こそぎ失ってしまうこともあります。でもそのことにも彼はストレスを感じない。間違っても「ああ、もったいない」「ただ働きかよ」などとは言いません。

では彼の心を満たしているものは何なのか。それは、請け負った仕事を完遂する。１００％のクオリティでやり遂げることそのものに、プロフェッショナルとしての喜びを感じているわけです。だからどんなに困難な仕事だろうが、引き受けたからには完璧にこなす。

彼は、自分に課せられたミッションの完遂に関わること以外のすべてを、頭と心から抜き去ります。仕事につながらないことはすべて「ムダなこと」と割り切る。だからあれこれ悩まないし、迷わない。メンタルの揺らぎを生むような、**精神エネルギーを消耗するようなストレスとは無縁**になれるのです。

ひとつの仕事に集中するために、その障害となるような無関係なものをすべて省く。ゴルゴ13は、究極の「手抜き力」の達人と言えるでしょう。

ゴルゴ13に影響を受けたこともあって、私は仕事をするとき――とくに事務処理系の仕事を片付けるとき――には、ストレスを感じないように一切の思考を断ち切るようにしています。言い換えれば「マシーンのように」取り組むことを心がけているということです。

煩雑な作業があっても、「ああ、面倒くさい」などと一切考えず、そうした感情を殺して作業効率だけを一心に考えてこなしていきます。

「この仕事についてはあれこれ思わない。やると決まったらやるだけ」というある意味、ドライな感覚で粛々と進めていく。

頭の中の手抜き、**感情と思考の手抜きを徹底する**わけです。面倒くさい、疲れる、きりがないといった自分の感情や思考をすべて棚上げにして、完全なマシーンと化す。いちいちメンタルを関わらせず、感情を死なせて作業に没頭するのです。

すると自分のなかで、そのスタイルがひとつの「美学」になってきます。作業を黙々とこなすマシーンとなった自分に、ある種の「美しさ」や「快感」すら感じられるようになるんですね。

例えば、今勤めている大学の入学試験の際には私も試験監督をやります。最初に注意事項を説明して、その後は一時間とか一時間半、学生が試験を受けている姿を見守る。

その試験期間の何日間か、私は「試験監督マシーン」になりきっています。この時間はその仕事だけに徹する。通達事項を忘れないように、不正を見逃さないように、自分がミスをしない試験監督マシーンとして〝機能する〟ことだけを心がけています。

「心を煩わせず、マシーンになることに徹すれば、退屈さえも感じなくなります。

会議でもそう。その進行を自分がコントロールできる立場なら、極力短くシンプルにするのですが、当然、その立場にない会議も数多くあります。自分がコントロールできない会議に関しては、完全に「会議マシーン」と化して、感情を関与させない。「長いなぁ」とか「これって今ここで話すことじゃないのに……」といった個人の感情は一切持たずに、自分に与えられたことだけをキッチリこなすようにします。

ゲーテに学ぶクリエイティブ手抜き

実は、ドイツの文豪・ゲーテも同じようなことを考えていたようです。彼はこう言っています。

「宮廷生活は、音楽に似ている。めいめいが、拍子と休止を守らなければならない。」

「宮廷の人びとは、退屈のあまり死んでしまうにちがいない。もし、彼らが儀式によって時間をつぶすことができなければ。」

（エッカーマン『ゲーテとの対話（上）』（山下肇訳）岩波文庫、２０１２年改版、１８３―１８４頁）

ゲーテは、宰相も務めていましたから、宮廷の儀式にも数多く参加していたのでしょう。宮廷の儀式というのは形式的でムダが多いであろうことは想像がつきます。しかし、ゲーテは、儀式とは役割分担してそれを粛々とこなしていくことに意味がある、楽譜に忠実に演奏される音楽のようなものなのだと割り切っていました。そして彼は、その儀式という〝音楽〟を聴くマシーンとなって、こなしていたのではないかと思うのです。

私は、ビジネスにおける「形式的」とか「体裁上」というものをできる限り排除したいと考えています。しかし、そうはいかないことも多々あります。そのときは思い切ってひとつの駒になりきる。意思や感情、思考を捨てて、「はい、わかりました」「これをやればいいんですね」と、その場に忠実なマシーンになりきるのが、もっともストレスを感じなくてすむ方法なのです。

人は、「こんなことやって、何の意味があるの？」「これって今、必要？」みたいな疑問を感じると、肉体よりも先に頭や心が疲れてきます。

思考や感情を抑えてマシーンになるのは、「頭と心の手抜き、省エネ」とも言えます。

できるだけ仕事にメンタルを関わらせず、やるべきことを黙々とやる。やるべきことを果たすマシーンになりきる。手抜き力とはストレスを解消する力でもあるのです。

余談になりますが、**ゲーテというのは非常に優れた「手抜き感覚」の持ち主**だったと私は思っています。

ゲーテは詩について、こんなことを言っています。

散文を書くには、何か言うべきことをもっていなければならない。しかし、何も言うべきことをもっていない者でも、詩句や韻ならつくれるよ。詩の場合には、言葉が言葉を呼んで、最後に何かしら出来上がるものさ。それが実は何でもなくても、何か曰くがありそうに見えるのだ。

（エッカーマン『ゲーテとの対話（上）』（山下肇訳）岩波文庫、

2012年改版、348頁）

私はこれを読んだとき、「なんと神経が太い人だ」と思ったものです。「え、そんなに適当なの?」と思わず拍子抜けするような話ですが、そんな手抜き感覚で書かれた詩もまたすごく素晴らしかったりする。

もちろん、クリエイティブな才能に恵まれたゲーテだからこそのエピソードではありますが、「難しく考えなくたっていい」という肩の力を抜いた手抜き感覚は、私たちも見習うべきものがあると思います。

手抜き界の最大のカリスマ・老子

老荘思想で名高い古代中国の哲学者、老子。私は老子こそ、手抜き力のカリスマに認定させるべき人物だと考えています。

有名な老子思想といえば「無為自然」。何も為さぬのがいちばんということですから、これぞまさに究極。手抜き力は最終的に老子に行き着く、というのが私の持論です。

無為自然とは、「何もせぬがよろしい。あれこれしようとするからろくなことにならない。何も為さず、自然にしておれ」という考え方です。

ただし何も為さずというのは、「何もしないで寝ていればいい」というのとはニュアンスが大きく違います。老子の場合は**「あれこれ考えるな」「作為的なことをするな」**という意味です。

無理をせず、あれやこれや心を煩わせずに、自然の中で自然の摂理に従って、緩やかに生きていくべしということなんですね。まさに「上善水のごとし」。水のように生きよ、というわけです。

老子と並び称される古代の哲学者に孔子がいます。無為自然を説いた老子に比べると、孔子は八徳《はっとく》（仁・義・礼・智・忠・信・孝・悌）を説くなど、人間の実社会における生き方を教えているように感じます。

例えば、「忠」や「義」という概念。日本でも江戸時代、家臣は主君に忠義を尽くすものという考え方がありました。赤穂浪士の討ち入りの話などもそうですね。赤穂浪士の場合、四十七士は亡き殿の仇を討って最終的に切腹します。

まさに孔子の言う「忠」「義」の心ですが、老子に言わせると、「それってどうなの？」となるのではないでしょうか。

忠や義というのは、生き方としては格好いいけれど、死んでしまったら意味がない。「それっておかしくないか？」——老子だったらそう言うような気がするんですね。せっかく授かった命なのだから、主君に殉じる忠義とか、武士としての矜持といった発想から離れて、無理せずに自然のままにまっとうするべきでしょう。「忠義を尽くすべきだ」「武士はこう生きるべきだ」みたいなことはやめなさいと。

どちらの言うこともその通り、一理あり、なんですね。ですから私たちは、老子と孔子、両方の生き方を理解するべきだと思うんです。

老子は「自然の摂理に身を任せ、無理をせず緩やかに生きる」ことをよしとし、孔子は「人間社会の中で、自分を律して、向上心を持って生きる」ことをよしとする。

老子はゆったりリラックス系、孔子はシャキッと緊張系。このリラックスと緊張の両方が融合したところを目指す。リラックスしているけれど、大事な部分はきちんと押さえている。本書で言うところの手抜き力とは、この境地のことなのです。

「手抜き力」があればチャレンジできる

私は2014年4月から、毎朝5時半からのテレビの帯番組のMCという仕事をさせていただいています。大学の授業もあるし、本の執筆もある。さらには今まで夜中の3時過ぎに寝ていたのですが、その時間にはもう起きてスタンバイしていなければいけない。これまでの生活サイクルがすべて変わってしまいます。

はたして自分に務まるのかという思いもあって、オファーを受けた際には、本当に真剣に悩み、考え抜きました。

それでも思い切ってお引き受けすることにしたのは、老子の考え方に乗ったからです。つまり、こういう仕事は自分からお願いしたってできることではない、いろいろなタイミングが重なって、今、偶然に私の前に現れたチャンスである、だったら「流れに任せてしまおう」と考えたのです。

そして、やると決めたら、先々のことをあれこれ心配することはやめることにしました。今考えても仕方がないことは考えない。ともかくやってみようと。もし問題が発生したら、そこは孔子の言うように、自分を律して修正すればいいのだと。

哲学者のデカルトも著書『方法序説』の中で、同じようなことを書いています。徹底的に考え抜いて決めたら、そして行動に移したら、そのことについてはもう考えない、それによって不安と後悔から一生解放されたのだ、と。

引き受けるまでに十分に考え抜いて決めたのなら、もうそれ以上考えない。決めたのにあれこれ考えることこそ、手間や時間の大きなムダであり、心にも不要なストレスを与える原因にもなってしまいます。

そして、こうした発想もまた、「手抜き力」のなせる業なのです。

「手抜き力」のある人は、チャレンジ力が高いというのが私の考えです。手抜き力の基本は、本質だけを見てそのほかは気にせず省略し、物事をよりシンプルに考えること。だから手抜きが上手な人は、あれこれ余計なことを考えません。新たなことに挑戦するとき、精神的に疲れなくて済むんです。

逆に手抜きができない人は、チャレンジするときにもあれこれ考え過ぎてしまいます。

朝の番組でも、前日は10時には寝て、3時に起きて、新聞5~6紙ぐらいに目を通して、4時に局入りして、打ち合わせをして、着替えてメイクをして、5時半から本番で——と、きっちり決めすぎてしまう。

手抜き力がある人だと、要点だけをおさえて、ササッと着替えて本番に間に合えばOKだと考えるんです。

その日の朝でなければわからないニュースの内容を、前の日から考えすぎてもしようがない。その場で判断するしかない。CMやVTRの時間もあるのだから、イザとなればそこでスタッフと話し合えばいいんだと。

抜くときは徹底して抜いて、やるときは効率よくビシッとやる。このメリハリこそ、心身ともにストレスフリーになるための極意なのではないでしょうか。

第2章

ポジティブ手抜き
5つの実践ルール

1 優先順位を最優先に決める

「優先順位を決める」を最優先に

時間も労力（エネルギー）も限られている中で結果を出さなければいけないときにまず求められるのは、ムダなものや不要な手間、余計な心の動きを省くことであり、それが手抜き力の基本的な考え方だというのは第1章でお伝えした通りです。

この章では、「手抜き力」を実践するために守るべき鉄則を紹介したいと思います。

第一に重要なのは、何を省くか、何にエネルギーを投入しなければいけないのかの見極めであることは言うまでもありません。

つまり、**優先順位を決めることが大事**だということです。

例えば複数の仕事をこなさなければならないときに、対処法は人それぞれです。

・依頼された順番通りに時間軸に沿って取り組む人

・全部に少しずつ手を付けて並行して進める人
・手当たり次第に目の前のものから始める人
いろいろなタイプがいるでしょう。

でも結局のところ、もっとも効率がよくて仕事がはかどるのは、いちばん重要な仕事、大事な仕事から順に取り組むことなんです。

まず最初にいちばん大事な仕事を片付けて、次に二番目に大事な仕事に取り組み、その次には三番目に大事な仕事を押さえていく。複数の仕事を目の前にしたら、最初にやるべきは優先順位を決めること。「優先順位を決めることを最優先事項にする」ということが重要なのです。

やらなければならない最重要な仕事は何か。それをまずしっかりと考えて、重要度順に優先順位の1、2、3位を決める。そしてあれこれ手を出さずに、最優先の「1」だけに取り組む。

すべてのものを万遍なく並行してこなそうとする全方位外交ではなく、順序正しく最初からこなしていくタイムライン方式でもなく、いちばん大事なところ、優先順位の高いところを見極めて、そこを一点突破していく。

あるいは、いちばんの難敵でもかまいません。まずは最優先の仕事を突破することだけ考えようという姿勢が、効果的な手抜き、ポジティブな手抜きを生み出すのです。

「じゃあ、残っているほかの仕事はどうするんだ？」という声が聞こえてきそうですが、こうした優先順位を決める手法を繰り返すことで、それが**一極集中の経験値になり、その後の仕事も効率が上がっていく**ものです。

重要な仕事を突破できたら、「残りの仕事は気楽だ」「次の仕事はこれより簡単だ」と思えるようになり、心にも余裕ができてくることも理由のひとつでしょう。

また、その経験値がさらに上がると、最初は優先順位の高い順に仕事をひとつずつしか片付けられなかったのに、今度は次の「2位」や「3位」の仕事も同時進行できるようになってきます。一点突破すること自体を並行的に行えるようになるんです。

つまり、優先順位を決める力がある人ほど心に余裕があり、今、何をいちばん最初にすべきなのかを常に間違えません。それこそが本質を見極める力であり、それができる人が「仕事ができる人」ということなのです。

ヤフー株式会社の執行役員である安宅和人さんが、著書『イシューからはじめよ』（英治出版）の中で、「イシュー度（問題の重要性）」と「解の質（問題解決の度合）」というキーワードを用いて、重要なものから手をつけるという仕事へのアプローチを説いています。安宅さんが述べるこうした興味深いアプローチは、本書で提案している手抜き力にも大いに通じるところがあると言えるでしょう。

バリューのある仕事をするためには、まず問題の重要度や必要性に目を向けるべきで、重要度が低い問題に対していい回答を見つけようと必死に努力するのはムダが多く、徒労感しか残らないのです。

デッドライン最優先で仕事効率がアップする

もうひとつ、ビジネス・シーンにおける仕事の効率の問題について、興味深い指摘を紹介しましょう。女性下着メーカーのトリンプ・インターナショナル・ジャパンの元社長・吉越浩一郎さんが、ご自身の著書の中でこう書いています。

本当に仕事の効率を上げたいのなら、厳しいデッドラインつきの仕事を、これでもかというくらい押し込めばいいんです。一分一秒も惜しいという状況に追い込まれれば、自然と仕事の処理速度が速くなる。

（吉越浩一郎『「残業ゼロ」の仕事力〈新装版〉』日本能率協会マネジメントセンター、２０１１年、54頁）

優先順位よりもデッドラインを設けて時間的な余裕をなくすことで仕事効率を上げる、というのが吉越さんの考え方です。

優先順位に対するスタンスは私の考え方と若干違いがあるのですが、吉越さんが推奨する「デッドライン」という発想には大いに共感を覚えます。なぜなら私自身もデッドラインを意識する仕事管理術を取り入れているからです。

私は大学やメディア関係の仕事のほかに、本を書いたり講演をしたりと、さまざまなジャンルの仕事をやっています。

多岐にわたる案件を、間違いなく、効率よく、滞りなく進めるための方法として、私が取り入れているのが、デッドライン（締め切り）が近いものを優先するという考え方です。ポイントは仕事を種類ごとという観点で分類しないこと。仕事の種類ではなく、あくまでもデッドラインによって仕分けしていくのです。

「原稿執筆関係」「テレビ取材関係」「講演関係」ではなく「今日中」「今週いっぱい」「○月○日締め切り」というグループ分けをして仕事を管理するということです。

私の場合は、そうすることで自分にとっての仕事の優先順位が見えてくるんです。

もちろん最優先すべきは、デッドラインが迫っている仕事です。例えば、今日は書籍の校正チェックが締め切り、明日は講演のレジュメ作成が締め切りその翌日は——

と、デッドラインが近くて、すぐに終えなければいけない仕事を最優先にしてこなしていく。

悪く言えば自転車操業に近いのですが、**デッドラインを最優先にこなすという仕事管理をすると、圧倒的に仕事効率がよくなる**んです。

その日に終わらせると決めたら確実に終わらせる。そのためにはムダなことに時間を費やす余裕などありません。そうなると人は、必然的に上手な手抜きをするようになります。デッドラインを守るためには、ムダ手間はできる限り抜かざるを得ませんから。

人は切羽詰るとムダを省く感性が鋭くなるもの。デッドラインで分類するという習慣が仕事を効率化させ、そのために必要なスキルとしての手抜き力を磨いてくれるのです。

2 「念のため」と「一応」をやめる

「かもしれない仕事術」は手抜きの敵

ムダを省くという手抜き力を身に付ける際に、ぜひとも決別していただきたいNGフレーズがあります。

それは「念のため」と「一応」。

仕事をする上でも、誰もが日常的によく使っている言葉だと思います。万が一のケースを見据えたリスクマネジメント的発想から出てくる言葉ですが、この「念のため」「一応」こそ、ムダな時間やムダな手間を生み出す手抜き力の大敵なのです。

「君、一応、この資料を作っておいてくれ」

——実際に使う資料だけを用意すればいい。用意した資料を使い切る会議にすればいい。

「念のため、もう一回集まりましょうか」
――本当に話し合うべき議題があるときだけ集まればいい。

ですから私は仕事先でもあちこちで「『念のため』とか『一応』とか、そういう発想はもうやめましょう」と提案しています。

テレビの番組収録でロケに行くと、「念のために、この絵（シーン）も撮っておきましょうか」と言われることが少なくありません。ある程度ならば後の編集用とか、リスクマネジメントとしての予備シーンなのだからと納得できるのですが、ときには「そんなに予備を撮るの？」ということもあります。

「念のため」のためだけに何時間もかけて収録をする。多いときは本編の何倍もの時間を「予備」のために充てることもあります。

使うか使わないかわからない。むしろ使われない可能性のほうが高い――しかし、そのために費やされる時間は、ロケに参加している人たちがスケジュールを繰り合わせてつくり出した貴重な時間です。時間が「みんなの資産」であることは、第1章でも述べました。「念のため」という言葉（発想、考え方）の持つデメリットとは、周囲の人たちのそうした貴重な資産や労力をムダに消費させてしまうことにあるんです。

ひょっとしたら後で使うかもしれない。もしかしたら必要になるかもしれない。そんな「かもしれない仕事術」は、関わっている人々のストレスにこそなれ、プラスの影響を与えることはまずないと言っていいでしょう。

「念のため過剰」「かもしれない仕事術」に陥るのは、ゴールをしっかりイメージできていない人です。

例えばテレビのロケ現場ならば、ディレクター的存在の人がどんな映像を撮りたいか、どんなコーナーにしたいか、その最終型が見えていない。とにかくあれもこれも撮っておいて、それを見てからゴールを考えようという発想になっていることが多いと思います。

出演者にしても同じことが言えます。情報・バラエティ番組などの場合、「こう言えば、ここは使われるだろう」とわかってコメントできる人たちが集まった収録は、テンポよくササッと終わります。

それがわかっていない人は、「念のためにあれもこれもしゃべっておこう」という気持ちが働いて、どうしても話が長くなるんです。たまに1人で4分も5分も、延々と話し続けてしまうケースもあります。

テレビ番組でのコメントは、平均すると1人につき10～15秒くらいというのが多いのですが、そこに3分、5分というコメントがあっても長すぎてコメント全体が使えない。長く話せば話すほど、結局そのコメントはすべてカットされてしまうんです。

これは話が上手とか下手という問題ではなく、「ムダなことを言うか、言わないか」ということ。今日はこれだけ言えればいい。ここだけ伝えられればほかのことはいい。

これもそうした自分のゴールをイメージして話ができるかどうかです。ゴールにつながらない内容を捨てることで、コメントがシンプルに、スリムになるのです。

「念のためこれも、一応あれも」という発想を捨てることで、それが可能になるんです。

プリントアウトされた資料の８割はムダ

現代社会、とくにビジネス・シーンでは今後、ますますこの「手抜き力」が求められるようになると私は考えています。詳しくは次章にまとめていますが、ここでひとつの例を紹介しましょう。

会議やプレゼンに使う資料を用意するという状況に置かれたケースです。

今の時代、そうした資料やデータを揃えるのにインターネットを使わない人は少ないでしょう。キーワードで検索をかければ、それに関連した世界中の情報がいとも簡単に、しかも大量に手に入る。インターネットはビジネスのクオリティを飛躍的に向上させました。それは間違いありません。

しかし、だからこそ求められるのは、インターネットという海の中に存在する膨大な情報を見極め、セレクトする目であり、感性です。

キーワードを入れて検索すると情報がズラリと並びます。そこに「これは関係があるかもしれない」「これは使うかもしれない」という「かもしれない仕事術」を持ち込むと、収拾がつかなくなります。ヒットした情報を念のためにいちいちチェックし、一応プリントアウトしていたら、それはもう大変なことになってしまうでしょう。気が付いたら膨大な分厚い資料ができ上がっているということが起こりうるのです。

自分が今、この会議やプレゼンで必要としている情報は何であるかを冷静に考えれば、実は、**目の前に並んでいる情報のほとんどは不要**なものなのです。

しかもその資料は、インターネット上の情報をプリントアウトしただけのもの。実際にはわかりにくい、使いにくい情報であるケースも多いでしょう。使うかどうかわからず、しかもわかりにくい、でも量だけは膨大。こういう資料ほどムダなものはありません。

だったら当日、会議室にプロジェクターやパソコンを持ち込んで、必要になった資料をその場で調べて「これになります」と出席者全員に見せてしまえばいいのです。あるいは「詳しくはウェブで」ではありませんが、「この件に関して詳しいデータが知りたい方はここを調べてください」と該当ホームページのＵＲＬだけをまとめておくのもひとつの手です。

大学でも経験があります。ある会議ではいつも出席者全員に分厚い資料が配られていたのですが、実際のところ、みんなほとんど読みません。自分に関連がある部分以外の書類は見ないのです。

そこで「念のために、お配りしました」というのはもうやめようということで、分厚い資料を全員に配らずに「回覧制」になりました。全員に共通して確認してほしい資料は各人に配布し、全員ではないけれど確認が必要な教授もいるという資料は回覧制にしたんです。

回覧される資料は、関係のある人以外はみんな適当にしか見ない。でも手元に配られた自分に関係がある資料はしっかり読む。その結果、資料そのものの量が激減しました。各人に配る資料も少なくて済むし、紙の節約にもなる。そして必要事項が明確になった分、会議の効率もアップする。資料や文書類の省エネや手抜きが、多くのメリットをもたらしてくれたんです。

こうした経験もあって、プリントアウトされている資料やデータのうちの8割はムダなのではないかと思っています。

本当に必要なもの、間違いなく使うもの以外はプリントアウトしなくていい。「あれもこれも」は必要ないと割り切って情報を絞り込むほうがいい。必要になったらそのときに考えて対処すればいい。

念のための「ね」の字が思い浮かんだら、「いかん」と反省するくらいでいいんです。「念のため」と「一応」を発想の中から排除していくことが、仕事効率、作業効率のアップにつながっていきます。これも立派な、それもかなりポジティブな手抜き力と言えます。

私の論文生産力が上がった理由

かくいう私自身も、実は以前に「念のため」にとらわれすぎて苦い経験をしました。

20代の頃から今日まで、ずっと論文を書くことが重要な仕事という生活をしていますが、あるとき（まだ若い頃ですが）、1本の論文を書くのに2年ぐらい費やして、しかも完成しなかった、書けなかったことがありました。

そのとき書こうとしていた論文で、私はフロイトのような思想家になり、フロイト理論のような壮大な理論を表現しようと思っていました。でもそんな大それた論文を書くには当然、前準備としてかなりハードな勉強が求められます。学ばなければならないことが多すぎて力が入りすぎてしまったのでしょうか、準備のための資料集めや勉強ばかりをして、いちばん肝心な論文を書くまでに至らないという本末転倒な事態に陥ってしまったのです。

結局、その論文は途中で挫折することになりました。

私はこの一件から、論文に対する考え方やスタンスをガラリと変えました。発想を逆転させて、これからは「論文の生産力を上げる」ことに特化しようと決めたのです。

それまでは、使うかもしれない「念のため」の資料を片っ端からコピーして揃え、そのすべてに目を通してから論文を書き始めるスタイルでした。でもそれを一切やめて、「論文でいちばん大事なのはコンセプトだ」というところからスタートするようにしました。

例えば、テーマはこれで、コンセプトはこう。ボリュームは原稿用紙40枚くらい、アプローチはこの角度で——ということをまず最初に決めてから、**そのための必要最**

小限の準備とは何かを考えることにしたのです。

テーマとコンセプトが確定していて、分量（字数）の目安も決まっている。そうなると、山ほど資料を集めても本当に使えるものは限られてきます。限られたスペースゆえに、あれもこれも書ききれない。だからムダな資料には手を付けず、コンセプトに合わせた絶対に必要なものだけを用意するようにしたのです。

その結果、まずコピーの枚数が激減しました。ムダな資料をコピーしなくなったのです。さらに論文を1本書くとだいたい2つか3つくらいは入りきらない項目が出てくるものですが、それまではどう入れ込むかに頭を悩ませていました。しかし、論文に対するスタンスを変えてからは、あふれた項目を無理にその論文に入れずに「次の論文に回せばいい」という発想になりました。

すると次の論文のテーマ探しに苦労することもなくなりました。1本書くごとに、そのつどあふれた項目があり、それを使って次の論文が書けてしまうのですから。

それまでの「使わない資料を集める手間」「書いても載せられない内容にまで手を広げていた手間」、そうした手間が一気に省けるようになりました。8割の手間が省けて、2割の労力で論文が書けるようになったんです。

こうして私の論文の生産力は上がっていったのです。

まずコンセプトとパッケージを決めて、そこから逆算して必要最小限の準備と必要最小限の労力で取り組む。この発想を持ったことで、少し大げさに言えば、私自身の人生が開けたという気がしています。そしてそれが今の仕事、今の私にもつながっている部分があると思っているのです。

3 自分の「型」を決めて落とし込む

まずは基本となる「型」を徹底する

物事をシンプルに捉え、余計なものや不要なことをそぎ落としていくための有効な方法のひとつが、自分の「型」を決めて徹底するというやり方です。

例えば数学の方程式や公式。その意味合いを理解して型を覚えてしまえば、以降はその型に当てはめることでもっとも適切な方法で問題を解くことができます。

古閑美保さんや上田桃子さんなど、数多くのトッププロゴルファーを輩出している「坂田塾」の主宰者でプロゴルファーの坂田信弘さんが『6番アイアンの教え』（NHK出版）という本を出されています。坂田塾のレッスンでは本のタイトル通り、最初は6番アイアンだけしか使わせないのだそうです。

それはなぜか。ゴルフのクラブはドライバーからパターまで全部で14本あって、6番アイアンはそのちょうど真ん中。だから基本になる真ん中の1本を徹底的に練習すれはほかのクラブも振れるようになるというのが坂田プロの考え方です。これは言い換えれば、あれこれ目移りせず、基本となるひとつの型を徹底せよということです。

坂田さんいわく、6番アイアンしか使わないから、打ったときの感触や球筋も感じ取りやすくなる。こんな感触だと右に飛ぶ、こうだと左に曲がる、こんなときは距離がこのぐらいという微妙な感覚まで、常に同じものとして自分にフィードバックできるのだと。

ところが最初から全種類のクラブを使って練習してしまうと、クラブを変えるたびに感覚も変わってしまうため、結局はどのクラブも振れるようになるまでに時間がかかってしまう。だから6番アイアンだけを徹底的に振らせるのだと。これもまさに**基本となる「型」を決めて徹底させて、行動をシンプルにしていく**という発想だと言えるでしょう。

別の例を挙げます。現・NYヤンキースの田中将大投手が東北楽天ゴールデンイーグルスに入団したとき、当時の監督だった野村克也さんは、「ピッチングの原点はアウトコース低め。右打者のアウトコース低めにいつでもピシッとコントロールできれば後は何とかなる。だからそこだけを徹底的に練習しろ」と言ったそうです。

そして田中投手はその「アウトコース低め」を生命線に、２０１３年に24勝０敗１

セーブという大記録を打ち立ててチームを初の日本一に導き、メジャーリーグへの挑戦という夢を果たしたのはご存知の通りです。

田中投手の活躍は、もちろん天性の才能や身体能力の高さ、自己鍛錬の賜物であることは疑いようもありません。ただ、自分の練習の型を設定できたという部分も少なからぬ影響があるだろうと思うのです。

ストライクゾーンを9つに分けて、労力をそれぞれ9分の1ずつ満遍なく均等配分して練習していたら、「アウトコース低め」は生命線になるまでの決め球にならなかったかもしれません。あれこれ手を広げて一気にすべての結果を出そうとせず、もっとも**ベーシックな部分に絞り込んで、それを徹底することが大事**です。

これはスポーツに限ったことではありません。仕事でも日常生活でも同じこと。やるべきことを厳選・限定し、自分なりの「型」を決めて、行動や思考を可能な限りシンプルにする。それが結果へとつながる近道になるのです。

自分基準のフォーマットが仕事を早くする

自分の型を持つとは、言葉を換えれば「自分なりの基準を持つこと」とも言えます。

そしてそれは、ポジティブに手を抜くために非常に重要なことです。

打ち合わせの前にA4サイズ1枚の企画書を書くことになったとします。そのとき、文章を書く能力という部分で自分の基準を持っている人は、

「A4サイズ1枚なら、30分くらいで書ける」

「30分で書けるから、今すぐ書けば午後のアポイントの前に提出できる」

といった段取りが頭に浮かんできます。

さらに、文章をまとめる能力について基準を持っている人なら、

「A4サイズ1枚だと基本的な骨子くらいしか書けない」

「今回の企画は説明しにくいから、チャートを入れたほうがいい」

といったことにも考えが及ぶようになる。

そうやって常に自分の基準と照らし合わせて作業をしていると、そのうちに最初から、

「どうせスペース的に全部の詳細を載せるのは無理だから、詳しく書くのはAからCまでにして、残りは項目出しとコメントだけにすれば、20分くらいで終わるだろう」

というような判断が瞬時にできるようになるんです。

もちろんそうした自分基準を持つためには、ある程度の積み重ねが必要になります。

例えばパソコンでA4用紙1枚の企画書をサッと打つ練習をする。そして練習をしながら、自分はこの書式やこのスタイルの企画書なら早くまとめられるといった得意な「型」を見つけていきます。

その「型」が「自分の基準」であり自分の企画書を書くときの自分のフォーマットになるのです。その「型」「基準」が自分のなかで、実際に使えるものさしになるまでは、とにかく集中して練習に取り組みます。そのときも企画書なら企画書に限定して、あれこれ他の書類には手を広げないことがポイントです。

そうして自分の基準を使えるようになると、仕事は一気に早くなるし、ムダもなくなります。さらに必要なものを残して不必要なものを省く力も備わってきます。

つまり、手抜き力がついてくるわけです。

「型」は自分の思考パターンを技化したもの

仕事における「型」は、日常のデスクワークだけで活かされるばかりではありません。

ユニクロを展開するファーストリテイリングには、「二三条の経営理念」なるものがあります。会長兼CEOの柳井正さんによるもので、第一条「顧客の要望に応え、顧客を創造する経営」、第二条「良いアイデアを実行し、世の中を動かし、社会を変革し、社会に貢献する経営（中略）」といった、いわば仕事の「原理原則」が掲げられています。

この「二三条の経営理念」について、一橋大学大学院教授で、ファーストリテイリングと交流もある楠木建さんが、著書『戦略読書日記』（プレジデント社）の中で、「二三条にある原理原則は、武道でいう『型』のようなものだ」と評しています。さらに「どんな状況で、敵がどんなふうに来ても、『型』ができていれば対応できる」とも。

「型」とは、それを基準にして考えることで、どんな具体的な案件や事柄にも対応できる、いわば数学の公式のようなものです。「型」に戻って考える癖を徹底すると、どんな案件に対してもブレない判断ができるのです。

つまり、「型」は「自分の思考パターンが技化《わざか》した」状態とも言うことができます。本質を見抜き、それ以外のムダを全部そぎ落とすという思考様式が「技」となって身に付いたものです。型をつくっておけば、どんな問題が起きてもそれに照らし合わせて、ムダなく解決できる。本書でいう手抜き力も、その本質は思考パターンの技化にあるのです。

4 野性の感覚で行動する

マニュアルに頼るより、野性の感覚を取り戻す

現代では、多くの人が何事においても慎重になりすぎて、自分の感覚でそのつど状況に応じた判断をすることができなくなっているように思います。それが「言われたことだけをやる。言われなければ動かない」という消極的な姿勢につながってしまっているのではないでしょうか。

かつて「指示待ち人間」という言葉が流行した時代がありました。最近はあまり使われなくなっていますが、むしろ現在のほうが「指示待ち度」は進行している気がします。

本当に言われたことしかやらない。「どうしてやっていないの？」と聞いても、

「やれって言われなかったから」

「やったほうがいいなら、『やれ』と言ってください」

こうした反応が返ってくることが珍しくなくなっています。

「いやいや、そうじゃなくて。自分で推測して、自分で判断して対応しなきゃ。仕事ってそういうものでしょ」

という当たり前のことが通じない。既存のシステムに乗っかって、「とりあえずこなす」という臆病なスタンスでしか物事に臨めない人が、実はかなり増えている気がするのです。

私はこうした状況を引き起こしている原因のひとつに、野性感覚の欠如が挙げられるのではないかと考えています。

例えばサバンナにいるシマウマが、遠くにライオンやヒョウの姿を見つけたら、危険を察知してすぐに逃げるでしょう。当たり前です。

このときに「群れのリーダーが『逃げろ』って言わないから動かない」「逃げろって言われたら逃げよう」などと考えているシマウマはいません。野性の本能で危機を回避しようとするはずです。

極端な例を挙げましたが、指示待ち人間の行動とは、突き詰めればこういうことなんです。普通の野性動物ならば本能で動くこと、命令されなくてもやるようなことをやらずに傍観してしまう。

もし仕事で不具合があったとき、野性の感覚が備わっている人なら、まずその場で何ができるかを自分で考えて、できる限りマイナスを出さないように応急処置するでしょう。ところが、目の前の危機的状況を見ても「上司に確認しなければわかりません」とか「私はそこまで任されていません」という対応になってしまうケースが少なくない。シマウマがこんなことをしていたら、確実にライオンの餌食になってしまうところです。

仕事における野性感覚とは、**その場の状況に合わせて臨機応変に対応する姿勢**であり、能力なのです。これからの社会を、これからのビジネス・シーンを生きるために、現代人はこの野性感覚を取り戻す必要があると、私は思います。

そして、そのためのスキルが「手抜き力」だと思うのです。

その場その場で判断せざるを得ない状況では、時間や手間に大きな制約があることがほとんどです。そこで臨機応変に対応するには、できる限りのムダを省かなければなりません。ライオンが襲って来たら、シマウマはとにかく最高速度で、安全な場所までの最短コースを逃げる。ムダは命とりになりかねませんから。

指示を待つのではなく、状況に応じてマニュアルやシステムに頼らずに、野性の感覚で自分から動く。最小限の時間と手間で本質だけを捉える「手抜き力」が効果を発揮するのはそんなときです。

自分なりのエネルギー配分で、仕事にメリハリを

　またサバンナの例ですが、今度は襲われる側のシマウマでなく、襲う側のライオンやヒョウに目を転じてみましょう。そこにも手抜き力につながる野性感覚の重要さが見て取れます。

それはズバリ、抜くところは抜く、力を入れるところは入れるという「メリハリ」です。

「あの人、やるときはやるよね」「普段は目立たないけど、イザとなるとすごいね」という人がいます。数多くの経営者を知っていますが、とくに一代で会社を立ち上げて大きくした、事を成した**経営者の方は、総じてワイルドな感覚の持ち主**です。野性の匂いがするんですね。

　その人たちはまさに「抜くところは抜く」発想で仕事にメリハリが効いています。ですから時間に追われて忙しそうに見えても、一日の中でも力を抜くところをちゃんとつくっている。ですから、実際には時間的にも余裕があったりします。

人に任せるところは「よろしく」と任せてしまい、「ここぞ」というときにバシッと前面に出る。そうした力の出し入れが非常に上手なんですね。この力の出し入れ、エネルギーの出し入れの感覚が、まさに野性的な手抜き力に通じています。

例えばサッカーを見ていても、いい選手ほどプレーにメリハリがある。力を抜くところでしっかり抜いているんです。

サッカーの試合は前後半で90分。ずっとピッチで動きっぱなしですから、最初から最後まで全力でやると、エネルギー効率がすごく悪くなります。そこで重要なシーンでのパフォーマンスに力を傾注できるように、力の出し入れを巧みにコントロールすることが大切になるわけです。

例えばアルゼンチン代表のサッカー選手、メッシ。彼を見ていると試合中でも普通に歩いているわけです。もちろんボールを持たないところでのプレーもしっかりやっているのですが、そうでないときは力をセーブしている。ところが自分のエリアにボールが来た瞬間に一気にパワー全開で加速するんです。だから周囲の選手が置いていかれてしまう。そうしたメッシのプレーは野性のヒョウやライオンのようです。

野性のオスのライオンなどは1日のほとんどを寝て過ごしています。弱い相手の狩りなどはメスに任せて、自分は寝て食うだけ。そのくらい徹底して手を抜いて、遺伝子を絶やさないことに集中しています。

そして、ものすごく手ごわい強敵が現れたときだけ登場する。**ここぞというときに、決めてほしいときに確実に決める**。ムダにエネルギーを消費せず、必要なときにこそ集中して分配しているわけです。

エネルギーは無限にあるわけではありません。巧みに力を抜く、上手に手を抜くことで、集中しなくてはいけないところに集中できるのです。

先にも述べましたが、今は仕事がどんどんマニュアル中心になって、自分の感覚でメリハリをつけるということができなくなっています。マニュアル化したビジネスの段取りに合わせるだけでなく、自分なりのメリハリやエネルギー配分を考えて仕事に臨む。

マニュアルに頼らず、野性を取り戻すとは、そういうことです。

「おおよそ」が仕事を効率化する――概算という感覚

ビジネスにおける手抜き力を高める要素のひとつに「概算」の能力も挙げておきたいと思います。概算とは大まかな計算や勘定をすること。ビジネスでは「概算払い」

とか「概算見積り」などという言葉に使われています。

数字とか計算というと、論理的でキッチリしている人の専売特許のようなイメージを受けますが、私は、概算する能力とは野性の感覚のひとつではないかと考えています。

その理由は2つあります。

ひとつ目は概算とは、伝票とか帳簿に求められるような緻密で正確な計算ではなく、あくまでも「おおよそ」という概念のもとで行われる行為だからです。

ある報告によると、野性動物は生来、数の目算ができる能力を持っていると言われているようです。動物としての生存本能の表れでもあるのでしょう。

その場所にエサとなる植物や小動物がどのくらいあるかを知り、捕獲したエサの量がどのくらいなのかもおおよそは知っているのだとか。

動物に数字の概念があるかどうかはわかりませんが、このくらいエサを確保すれば大丈夫、これだけだと心許ないといった、量的なニュアンスは敏感に感じているのでしょう。それこそまさに野性の感覚と言えるでしょう。

ふたつ目は、ここでいう概算が求めているものが、数値の整合性ではなく、行動を決めるための指標になるかどうかだからともいえます。

仕事で条件提示をされたとき、概算ができる人は「その見積りだとザッと見て、約何日間かかりますね」とか「採算的には、ややプラスといったところですが、まあ大丈夫でしょう」「それなら前回の見積もりのほうが実現性は高いでしょうね」といった、今後の展開予想がすぐにできます。

要するに、できるかできないか、どのくらいかかるか、どちらがいいかの判断が瞬時につけられる。この能力が仕事における省エネ、ムダな手間を抜くのに非常に役に立つんですね。

田中角栄元首相も、非常に概算能力に長けていたと言われています。現役当時、東京・目白の田中邸にはそれこそ何百人という陳情客が押しかけました。彼は陳情内容をひとりひとりから聞いて、「よっしゃ、わかった」「それはできない」と、その場でパッパッパッと決めていったといいます。

「これにはこのくらい予算が必要だな」「これは本腰を入れたら○年はかかるな」「これは採算を度外視してでもやるべきだ」といった判断を、閣議にかけるとか検討するといった先送りではなく、そのときにその場で下していったのです。

その場でおおよその数値を出せる、おおよその展開がわかると、仕事のやりとりのテンポもよくなります。さらに話の内容がより具体的になり、ビジネス・コミュニケーションになりやすいというメリットもあります。

そもそも言葉の意味から考えれば、概算という考え方は、まさに手抜き力そのものです。キッチリではなく〝おおよそ〟でいいということなのですから。

仕事現場で数値の計算をすることになったとしても、必ずしも100％間違っていない正しい答えを出さなくていいケースもあります。いわゆる「ざっくり」とわかりさえすればそれで十分に事足りるケースが多いんですね。おおよその数字で事足りるのなら、小数点以下数桁までキッチリと計算をすることは、ムダな手間になってしまうのです。

その場にある材料だけで、できるかできないか、どのくらいかかるか、どちらがいいかといった、おおよその状況判断を瞬時につける。求められていない細かい計算はスルーして、事足りるざっくりな計算で数字に関わる。

概算というスキルは、すべての仕事の効率化に大きなプラス影響を与えてくれます。

5 「逆算」と「段取り」の習慣をつける

まず明確なビジョンありき。そこから逆算して段取る

戦後の日本映画黄金期を支え、「娯楽映画の巨匠」と呼ばれたマキノ雅弘という映画監督がいます。監督として約260本もの映画を撮ったマキノ監督は、非常に合理的な発想の持ち主だったといいます。

頭の中で映画のすべての絵（シーン）がすでにでき上がっていて、撮影現場ではスタッフや俳優さんにムダなことを一切要求しない人だったと。

テレビのロケ収録で、番組のゴール（完成型）が見えていないために、予備シーンをたくさん撮影することになってしまった話を書きましたが、マキノ監督はそれとはまったく逆。シーンを多めに撮っておいて後で編集するということを極力しなかったそうです。

映画評論家の山田宏一さんが著した『マキノ雅弘の世界』（ワイズ出版）という本

に、俳優の森繁久弥さんがマキノ監督の現場の様子を回想したインタビューが載っていますが、そこでのエピソードがとても興味深い。

竹林で刀を抜いての大立ち回りシーンを撮影したときのこと――。どこかから竹をたくさん持ってきて竹林のセットをつくったのだけれど、どうも竹林には見えない。さて、いざ撮影になると、マキノ監督は「みんな、こういうつもりでこっちからカーッと刀抜いて、その竹林のあいだのところへ行ってくれ。その次はひっくり返って、そのずっと向こうへ!」と「なんか辻褄の合わんこと」を言う。ところが、

あとでいろんなカットがつながってるのを見るとびっくりした。「えんえん行けども行けども竹林に見えるように撮るんや」というマキノのオヤジの言ったとおりになってる。

(山田宏一『マキノ雅弘の世界―映画的な、あまりに映画的な』ワイズ出版映画文庫、2012年、140頁)

小さな竹林のセットの中を役者に走り回らせ、そのたびに竹の位置を置き換えて何度も撮影することで、いかにも本物の広大な竹林で撮ったかのような臨場感のある

シーンを撮影してしまうのだと。

つまり、マキノ監督の頭の中には、バラバラに撮影した各シーンのつなげ方がすべて入っていた。だから演じる役者は必要最小限の動きをするだけで、そのシーンができ上がったのだと、森繁さんは語っているんですね。

マキノ監督の仕事の仕方（映画の撮り方）は、数字の計算こそ出てきませんが「逆算」の発想でもあります。本物の竹林でのロケができなくても、スタジオでそれに劣らないシーンを撮影してしまう合理的なアイデアは、彼の徹底した逆算と段取りにから生まれたものだと言えるでしょう。

実際に、ロケをしていたら確実にかかったであろう費用や手間、役者・スタッフの拘束時間などを見事に節約することに成功しています。

自分が撮りたいシーンが明確だから、いま撮るべきもの、撮らなくていいものがわかる。**ゴールから手順を逆算するから、プロセスで不要なものが徹底的に省略できる**のです。

さきほどの本では、マキノ監督は撮影前の演技リハーサルに時間をかけなかったというエピソードも語られています。

――撮影まえの演技リハーサルには時間をかけますか。

マキノ　いえ、先に教えておきますから。そんな撮影現場でひとをよけい待たせたら、あんなやいらん、ということになってしまいますからね。

――マキノさんの自宅へ連れてきて、撮影がはじまる以前に、いろいろと演技のこつを教えこんでしまうわけですね。

マキノ　そうです。撮影がないときは、ほかの仕事もあまりしないものですから、そんなふうによくやったんです。

（山田宏一『マキノ雅弘の世界―映画的な、あまりに映画的な』ワイズ出版映画文庫、2012年、237―238頁）


撮影が始まってからひとりひとりに教えていては、時間がかかって仕方がない。その間、ほかの役者やスタッフを待たせることにもなります。だから前もって教えておくことで、現場でムダな待ち時間を省くことができる。これがマキノ監督の考え方です。

テレビ番組の収録でも似たようなケースがあります。指示を出す立場の人（ディレクターや放送作家など）が2人いて、その2人が収録現場で基本的な段取りの打ち合わせを始めてしまうことがあるんです。

もちろん、その間は収録はストップ。出演者やほかのスタッフなど周囲の人たちは、その打ち合わせが終わるまで待たされるわけです。当然、「今日の収録、かなり押すなぁ」「段取りの話し合いは収録前に終わらせておいてくれよ」という空気がスタジオに満ちてくる。時間もムダになる上に、モチベーションにもマイナス影響が出てしまいます。

みんなが時間を出し合って集まっている撮影現場では、できる限りムダなことに時間を使わない。要領よくコンパクトに進めていくことが求められます。

マキノ監督の場合、頭の中で求めている演技が最初から明確に決まっているから、撮影前にはもう演技指導ができるんですね。撮影現場に入ってから「ああでもない、こうでもない」と迷うことも、「やっぱりここはこういう演技のほうがいい」とブレることもない。現場でムダのない段取りを組めるのです。

・明確なビジョンを持つこと
・逆算して段取りをすること

ムダ手間を省く手抜き力に不可欠な条件です。

仕事における時間は「少なめ少なめ」で捉える

仕事が詰まっていて忙しいときには、午前中だけで3つくらいの取材を受けることがあります。一般的に午前中と言えば朝の9時頃から昼の12時まで、およそ3時間といったところでしょう。そこに3つの取材が入ると、基本的には単純に3等分してひとつの取材に1時間ずつにするのがセオリーではあります。でもそれではこちら側が息を抜く暇もありません。こうした場合のスケジュール立てをするときには、逆算することで時間配分を考えるようにしています。

例えば原稿の分量から取材時間を逆算する方法。このくらいの文字数で掲載されるなら、このくらいの時間話せば大丈夫だろう、という逆算です。

雑誌に載せるコメント取材があったとして、それが約２００文字で掲載になるのなら、「よし、30分あれば十分に内容のある話ができる」と考えるわけです。

逆に２００文字の取材なのに1時間30分の取材依頼が来たら、「ずっと話をしても、ほとんど本原稿では使われないな」と。それなら時間を短くしてもらうか、場合によってはこちらから指定の文字数で書いた原稿をメールで送ったほうが効率がいいかもしれないと考える。

最終的に掲載される分量をゴールに見立てて、その分量に必要なだけの話ができる時間を逆算していくのです。そうすると午前中に3件という取材でも、必ずしも3等分する必要もなくなります。

ビジネスで相手に時間を取ってもらう場合、その時間は一般的に「多め多め」「余裕を見て」設定されているものです。前述した「念のため」という意識があるからです。

その「多め多め」が何件もあると、そのたびに〝念のため〟用で使われなかった時間が積み重なっていきます。念のために貯めた時間は、相手から奪って浪費しただけのムダな時間になってしまいます。なんともったいないことでしょう。

ですから私は、仕事の時間効率をアップさせる方法のひとつとして、逆に**「少なめ少なめ」の意識で時間を捉える**、みんなが「相手には次に予定がある」という意識を持つことをおすすめします。

「余裕をもって2時間、ご提案の時間をいただけますか」というところを、余裕の部分を省いて少なめに「1時間半で提案する」にしてみる。その「1時間半での提案」をゴールに決めて、そこから逆算して打ち合わせの本質となる提案内容を絞り込んでいきます。

まだ必要ない資料や、時間が余ったら出そうと思っていた別の企画案などもそぎ落として、その打ち合わせの主旨をピンポイントでぶつけることができるようになります。

時間の捉え方を「多め多め」から「少なめ少なめ」に変え、ゴールから逆算して必要な段取りを組むという発想を持つ。時間の制約が多くなった分、仕事の密度をアップさせる。

それが結果として、自分と相手の時間のムダを省くことになるのです。

第3章

ビジネスに生かす「手抜き力」

1 デキる人ほど手抜きが上手い

手抜き上手な人には、仕事の推進力がある

あらゆる仕事において欠かせないのは、物事を前へ前へと進めていく力、いわゆる「推進力」です。スタートさせた仕事を頓挫させずに、少しずつでも前に動かしていく。順調ではないときでも前向きに進んでいれば、いずれ周囲の状況も変化してビジネスチャンスも生まれてくるもの。よどんだ水が濁ってしまうのと同じように、前に進むことをやめた仕事にはチャンスもめぐってきません。

では仕事を推進させるため、仕事を停滞させないためには何が必要なのか。いくつかの要素があると思いますが、私は「だいたいその辺でいい」という発想もそのひとつだと考えています。

「だいたいその辺でいい」とはどういうことか。

目の前の仕事を100%完璧にこなした後でなければ次のことができない、という

人がいます。新しい企画のアイデアがあっても、自分が完璧に自信を持てなければ提案できない人がいます。

そうした真面目さやこだわりを否定するわけではありませんが、そういう考え方はときとして仕事の「足」を止めてしまう可能性があります。仕事の推進力を抑制してしまうことが往々にしてあるのです。

組織やチームなど集団における**仕事の推進力は、完成しなくてもとにかく前に進めていくことによって生み出され、維持されていきます**。

とにかく動き出した仕事を前に進めることを最優先にして、不具合が起きても立ち止まらずに、進めながら修正する。足が止まりがちな仕事を動かすのが、「だいたいその辺で」という発想であり、スタンスなんですね。

実現させるのが至上命題のプロジェクトを立ち上げるなら、その中枢には推進力のある人、「とにかく進めましょう」という発想を持っている人を集めたほうがいい。

そして、申請とか手続きといった作業が中心になる段階になったら、そこからは細かい部分までしっかりとチェックできる人、事務処理能力に長けた人を配するんです。

京セラ株式会社の創業者として知られる実業家の稲盛和夫さんも、著書『生き方』（サンマーク出版）の中で、「構想そのものは大胆すぎるくらいの『楽観論』に基づいて、その発想の翼を広げるべきであり、また周囲にも、アイデアの飛躍を後押ししてくれるような楽観論者を集めておくのがいいのです」と書いています。

「楽観的に構想し、悲観的に計画し、楽観的に実行する」ことが物事を成就させ、思いを現実に変えるのに必要なのです。

（稲盛和夫『生き方—人間として一番大切なこと』サンマーク出版、２００４年、52頁）

稲盛さんの言葉を借りるなら、「ともかく前へ」タイプが楽観的で、「立ち止まって慎重に確認」タイプが悲観的。さらに、楽観的は手抜き力のある人、悲観的は手抜き力のない、手抜きをしない人とも言えるでしょう。

些末な部分は「だいたいその辺でいい」とポジティブに手を抜くことで、まずは仕事そのものを前に進めていく。手抜き力がある人は、仕事の推進力を持っている人なんです。

100%を目指さず、60%の出来を狙う

本書で言う「手抜き力」の対極にあるのが、完璧主義とか完璧志向といった「100%」をよしとする考え方です。確かに仕事をするなら100%、完璧、一点の落度もないパーフェクトがいいに決まっています。

また、常に100%が求められていて、手抜き（一般的に言われているネガティブな手抜き）やミスが許されない仕事もあります。

しかしそうした職種はここでは除外しますが、それ以外の仕事では、何でもかんでも100%完璧を求めなければならないということでもありません。

『論語』にある孔子の言葉に、「辭達而已矣（辞は達するのみ）」という一節がありま す。これは、「文章は、意味が伝わりさえすればそれでいい」という意味です。考えが相手に伝わることが何よりも大事で、形ではない。必ずしも美しい文章や書式、完璧な文法である必要はないということです。

これは仕事にも言えることだと思います。企画書やレジュメ、報告書といったビジネス文書を書こうとすると、どうしても100%の完成度を求めがちです。体裁や書式、レイアウト、添付資料といった「文書の内容」とは直接関係のない要素も、すべ

て完璧に作成しなければいけないと考えてしまう。

しかし、孔子も言うように、意味を伝えるというレベルで考えれば、その完成度は100％でなくてもいい。伝えたいことが正しく書かれていれば、文書の完成度という意味では60～70％くらいでも十分に伝わるはずなんです。

だったら、最初は60％のものを出してみる。60％というのは、「優、良、可」で言えば「可」です。もちろん「不可」はダメですが、必要なことはすべて盛り込んである「可」を出してみて、それでOKになるのなら、それに越したことはありません。もしさらに上を求められたら、今度はそこから上積みしていけばいいんです。

私が論文を書くときも、60％くらいの完成度に仕上がったら「これで内容はすべてわかる。とりあえずこれで出そう」というやり方です。そのかわり本数を多く出すことに力を注いでいるんです。

100％を期さずにまず60％を狙う。これもまさにポジティブな手抜き力であり、手抜き力を仕事に生かすひとつの方法なのです。

実はこの60％という数値にも意味があります。

学生に勉強の指導をしていた時に感じたことなのですが、苦手な科目でも勉強すれば、比較的すぐにテストで60～70点くらい取れるようになります。ただ、60点を80点

100%を目指すのはエネルギーの「ムダ使い」

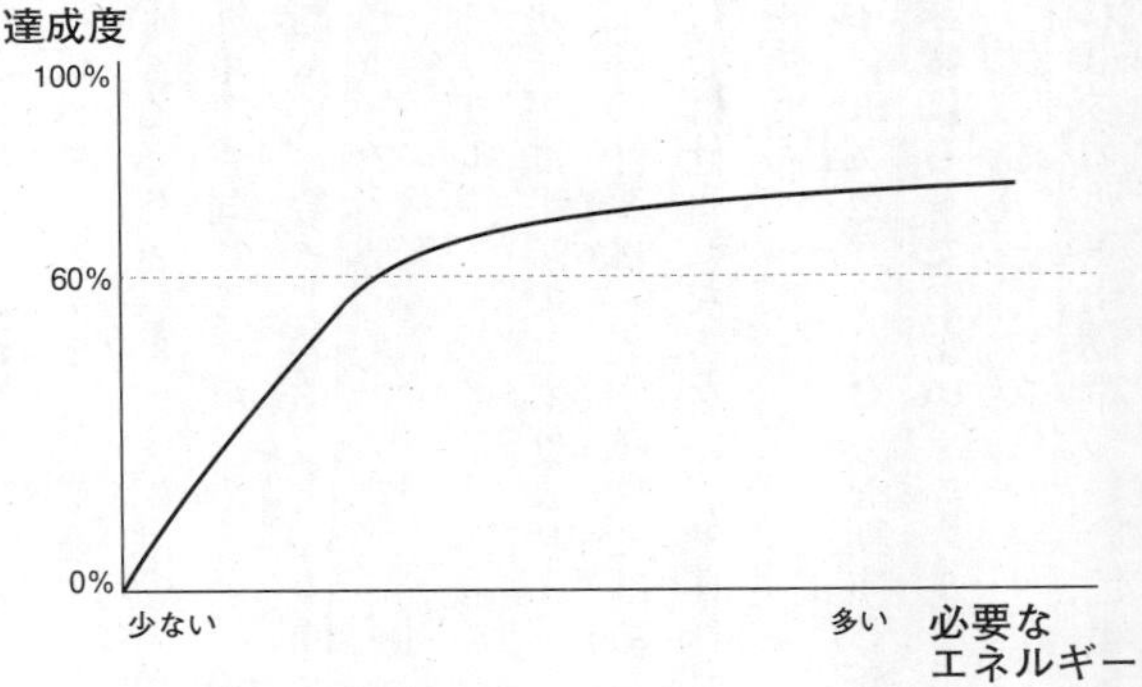

**60%くらいの出来にするのは難しくないが、
それ以上の出来にするのは非常にエネルギーがかかる。**

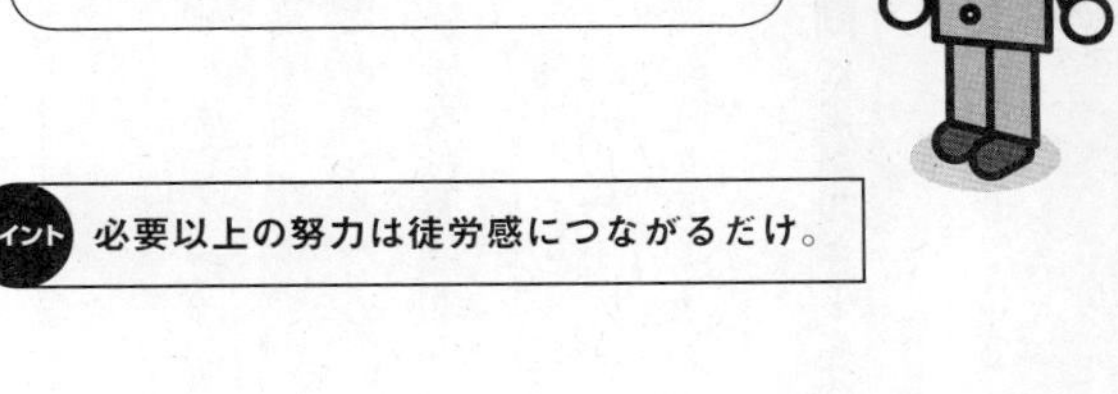
60%の完成度で OK が出るなら、それでいい。
ブラッシュアップしろ、と言われたら、
そのときに対応しよう。

ポイント 必要以上の努力は徒労感につながるだけ。

に引き上げるのはなかなか難しい。さらに80点を90点にするのがまた大変で、90点を95点にするのはもっと大変。95点を100点にするのは至難の業になる――。つまりレベルが高くなるほど、伸ばすには労力がかかるのです。

これは仕事でも同じことが言えます。60〜70%の完成度を90%以上に引き上げるのはかなり難しく、今までの倍以上の手間と時間がかかる。

さらにそれをブラッシュアップし、磨き上げて限りなく100%に近づけるためには、どんなケアレス・ミスも許されなくなります。そのために注ぎ込まなければならないエネルギーは半端ではありません。

しかし実際の仕事は、入学試験ではありません。企画書やレジュメに90点以上の完成度がなければ仕事にならない、100点でなければ仕事が始まらないということはまずあり得ません。

それなのに**90%とか100%を期するがゆえに、大量の時間と手間とエネルギーを使うのは非常にもったいない**。エネルギー効率が悪すぎます。

それならば、もっともコストパフォーマンスがいい60〜70%の完成度を目標にしてみる。これはエネルギー効率のいい仕事をするための極意でもあるのです。

「ペンキの上塗り方式」で仕事を前進させる

学生時代、問題集を買ったはいいけれど最初の10ページだけやって解けない問題にぶつかって、そこで挫折してやめてしまった、という経験をお持ちの人はいませんか。実は、挫折しない問題集のやり方があるんです。勉強ができる人がよくやっているのが、薄い問題集を買ったら、最初から最後までひと通り解いてみるという方法です。できない問題があっても立ち止まらずにそこは飛ばして、とりあえず最後まで1周してみる。そして2周目からは、1周目でできなかった問題に特化して集中的に取り組むんです。

英語の単語集でも同じです。Aを全部覚えたらB、BをマスターしたらC……これでは、いつまで経ってもSやTにはたどり着けません。まずはとりあえずハイスピードでZまでやってしまう。どんどん進んで、どんどん忘れる。そして3周、4周と繰り返すうち、自分に相性の悪い単語というのがわかってくるので、後でそこを特訓するのです。

とりあえず最後までやる。つまずいてもスルーしてまずはひと通り全体をやり通す。できなかったところは、後でじっくり取り組む。この方法なら最初の数ページをやっただだけで、後半はまったく手を付けていないということがなくなるんですね。

これはビジネスにも応用できます。

もし、「明日までに壁一面にペンキを塗ってくれ」と言われたとしましょう。みなさんはどんなやり方で塗りますか？

端から始めて、少しずつ丁寧に完璧に塗っていくか、とりあえず最初に全体を塗ってしまって、後から仕上げていくか。

私が推奨するのは後者の方法です。

締め切りまでに塗り終わるならどちらの方法でもいいのですが、問題は間に合わなかった場合です。

壁を10等分に分割して10分の1だけ完璧に仕上げてあっても「できていない」のと同じこと。残りの10分の9がまったく手つかずでは、「これじゃお客さんに見せられない」となるでしょう。結果的に未完成であり、それでは仕事として通用しません。

同じ間に合わないにしても、全体を塗っておく。薄くても粗くても全面を塗ってさえおけば、「とりあえず、ひと通り塗ってはある」ということになります。

すると、その状態をベースにして「もっと丁寧に」とか「もっと濃く、ムラがないように」といったやり取りができる。つまり仕事として先に進めるわけです。

大事なことはとりあえず完成させること

もし壁一面にペンキを塗ることになったら……

手抜き力のある人…粗くだがまず全体を塗る

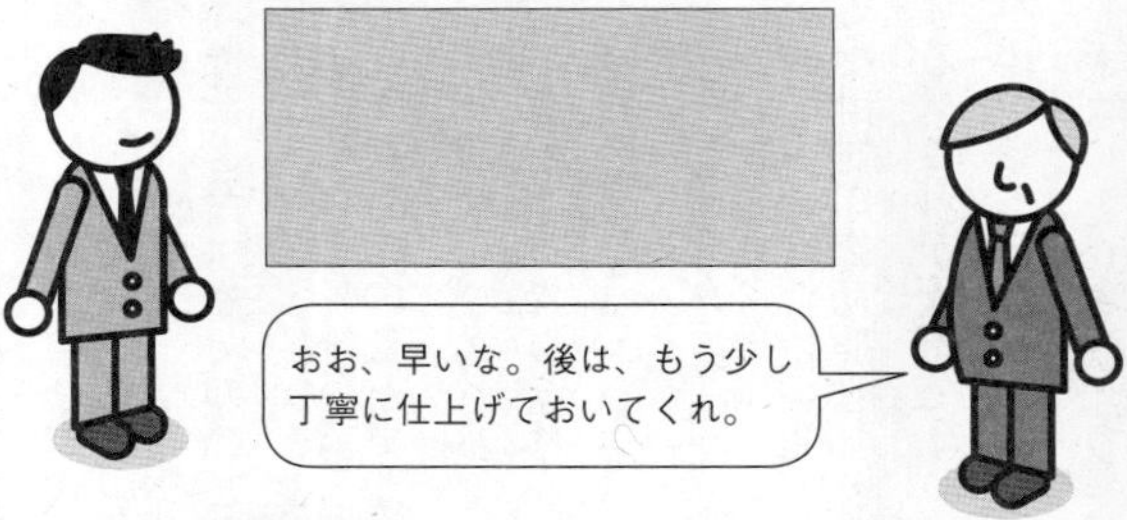
おお、早いな。後は、もう少し
丁寧に仕上げておいてくれ。

手抜き力のない人…端から丁寧に完成させていく

終わってないじゃないか！
（仕事が遅いヤツだなあ……）

ポイント まずは全体を押えて、足りない部分は後から足す。

問題集の例もそうですが、**とりあえず全体を押さえておいて、足りない部分は後で取り組む方法**を私は『ペンキの上塗り方式』と呼んでいます。

『ペンキの上塗り方式』はあらゆる場面で使える考え方です。

仕事でよく使う「たたき台」もそのひとつ。

たたき台とは、正式に確定したものではないけれど、これから検討する際のベースとなる試案、素案のようなもののことです。

企画会議があったら、まだ正式な企画書として完成していなくても、とりあえず企画内容を議論・検討できるような、全体をカバーした素案＝たたき台を持っていく。

「まだ半分しか仕上がっていないので持ってきませんでした」「半分まではできてます」「まだ体裁が整っていません」では、どんなに企画の内容が優れていようと、会議で使い物になりません。

概要だけをまとめた粗削りで大雑把なものでもいいから、とにかく仕事を先に進められる素材を用意する。これが大事です。

学生にレポートを書かせるとたまにあるのが、最上級の「優」を目指しすぎるがゆえに、期日に間に合わないというケースです。理由を聞くと、「納得したものが書けませんでした」とか「出来が悪すぎて書き直しています」、中には「まだ清書が終わっていないので持って来れませんでした」という答えが返ってくることもあります。

出来が悪くてもレポートがあれば、みんなが共有して議論できますが、手ブラでは議論にもなりません。大事なのは「レポートを持ってくること」であって、出来は二の次なんです。

企画書にせよレポートにせよ、完璧さに執着して未完成になるより、粗くても全体が見渡せるたたき台を用意することを重要視するべきなんですね。

まずは仕事を進められる状態を確保した上で、そこからブラッシュアップし、上積みしていけばいい。『ペンキの上塗り方式』とは、仕事の推進力を高めるポジティブ手抜き的発想なのです。

社内用資料は意味さえわかればいい

社内の会議で使う資料や企画書のたたき台を作成するという仕事において、意外と多くの人が陥りがちな落とし穴があります。

それは、美しく、見栄えよく、体裁よく仕上げようとすることです。

こうした勘違いをしている人が少なくありません。パワーポイント好きという人を、私はあまり信用しないことにしているんです。

私自身がパワーポイントを一切使わないこともありますが、使う必要性をまったく感じないのです。

2章でも紹介したトリンプ・インターナショナル・ジャパンの元社長・吉越浩一郎さんは、会議をする際、案件ごとに担当者を決めて、「完璧なたたき台」の準備を命じると言いますが、そのたたき台について、こう語っています。

私のいう「完璧なたたき台」とは、現状はどうなっているか、何が問題なのか、どう対処すべきなのか、それにはどれくらいの時間や費用がかかるのか……、そういうことを担当者が会議に先立ち整理して解決策をまとめてくる、ということです。

（吉越浩一郎『「残業ゼロ」の仕事力〈新装版〉』日本能率協会マネジメントセンター、2011年、74頁）

確かに身内（社内）に見せるためのたたき台なら、パワーポイントで見栄えよく仕上げる必要などありません。見て、内容さえわかればいいんです。

それがパワーポイントを駆使して、社外向けのプレゼンで使うような、見た目が完璧なたたき台をつくろうとする。そういうのは広告会社がよくやるパフォーマンスとしてのたたき台であって、その実質的な内容には関係がないと思っています。

そういうものは、社内会議ではまったく必要がありません。意味さえわかればいい。もっと手を抜いていいのです。

それにもかかわらず残業してまでせっせと見栄えよくつくる必要のなさに、そろそろみなさん気づいていただきたいと思います。

「後日持ち越し」をやめれば、後がラク

　スマホやケータイがビジネスツールとして不可欠な時代ですが、その割に効果的に使っている人が少ない気がします。みんなケータイを持っているにもかかわらず、その場で確認を取るという使い方をしている人があまりいないのです。

　打ち合わせをしているときに、「このことだけ確認が取れれば、すぐにでも仕事が進められる」という状況になることがあります。


「この仕事、御社でお願いできますか？　難しいですか？」

「それは社に戻って上の者に確認してからお返事を――」


と答えてしまうと、その話はそれ以上まったく進展しなくなります。確認しない限り進めようがないのですから。

するると「もうこの話をしても仕方ない」となって、仕事の流れが途切れてしまいます。

　でも、その場で上司に確認するという選択肢もあるわけです。そのためにビジネス

マンはケータイを持っているのですから。電話で聞けば、あっさりと「それは難しいです」「なんとかご希望に沿えそうです」と、状況がはっきりするかもしれません。そうすれば一気に時間と手間が省けて、話を進められます。

もし電話をしても上司がつかまらないとか、案件的に即答できないということであれば、そのときは改めて確認してから返事をすればいい。**結果はどうであれ、とにかくその場で確認する**という試みが大事なのです。

以前、『ぴったんこカン・カン』という番組にゲスト出演したときのことです。TBSの安住紳一郎アナウンサーが私とともに、母校の明治大学を訪ねるという内容でした。

その打ち合わせで、「せっかくだから、学生と一緒に安住アナにも私の授業に参加してもらおう」という話になりました。

「それおもしろいね」と盛り上がったのですが、そのプランを実現するためにはまず教室を確保する必要があります。実際のロケまでにはまだ時間があったのですが、私はその打ち合わせの場からケータイで大学に電話をして、「○月○日の▲時から▲時まで、○○番教室は空いていますか？」と聞いて、即キープしたんです。「その日の収録用の部屋は、今、もう押さえました」と。

そうすると、その打ち合わせでさらに先の内容まで話し合うことができます。どんな授業をどんなスタイルでやるか、何が用意できるか、カメラはどこに入れられるかなど、具体的な仕事の話がどんどん決まっていくわけです。

「詳しいことは部屋が確保できてからということで——」にせずに、確認すれば済むことはその場で一気に解決していく。すると一回の打ち合わせだけでも重要事項のほとんどが決まるんです。

もうひとつ、これもテレビ番組の打ち合わせでの話です。

NHK Eテレの『にほんごであそぼ』という子ども向け言語バラエティ番組に関わらせていただいているのですが、この番組の会議では最後に、半年先とか1年後の会議の予定をその場で決めるんです。何月何日何時からという日時まできっちり決めてしまいます。

というのも、関係者がみなさんとても忙しい方ばかりで、そのくらい先々まで決めておかないと予定が埋まってしまうんです。

半年も先の会議だからと、個々人にそれぞれ予定を聞いて調整していたらなかなか全員が空いている日時を見つけるのが難しくなります。それならば、今、会議で全員が顔を合わせているときにすべて決めてしまおうと。「後で連絡を取り合って――」なんて言っていたら、なかなか決まらないことを全員が知っているんですね。

いつも誰かしらが予定が合わなくて、全員が揃わない。そうすると情報の共有にも余計な手間がかかるし、その分だけ齟齬《そご》や伝達ミスも起こりやすくなります。

打ち合わせや会議では、次の予定もその場で決めてしまう。「次回については、後日、追って連絡します」を排除していく。これだけでも、かなりの手間と時間の節約、メンタル的なストレスの軽減に効果があります。

後日持ち越しを極力なくす。「後日、確認します」を「その場で決める」に変えていく。そのときにできることは、一気呵成にできる限りやってしまう。

実は、こうした発想も、**後々が楽になるという意味で、前向きな手抜き力**と言えます。

ムダな拘束は相手に「懲役」を課すようなもの

ビジネスは自分ひとりで動かすものではありません。なかには個人作業が中心でほとんど他者と接しない仕事もありますが、それはごくまれな例。仕事のほとんどは他者とのつながりのなかで進んでいくものです。

ですから仕事をスムーズに進めるには、他者との関係性を良好に保つことが重要になってきます。もっと簡単に言えば、相手の事情を慮《おもんぱか》ることが必要になるのです。

当然と言えば当然のことで、そのためにみなさん、交渉で譲歩したり、折衷案を出したり、または接待をしたりいろいろと便宜を図ったりするわけです。

ところがひとつ、非常に重要であるにもかかわらず、あまり意識されていない要素があります。それは「時間への配慮」です。

人間にとって時間は何よりも貴重なものです。相手の貴重な時間をできる限り奪わない。ビジネスでもその配慮の必要性がもっと取り沙汰されるべきだと思うのです。

このとき重要なのは「拘束時間」という概念です。みんなで集まる会議や打ち合わせ、出席者全員の都合を聞いて時間を調整して行われる会議は、お互いに必要な時間を供出し合っています。ですからダラダラと意味もなく長い会議を続けるのは、相手への時間の配慮が足りない行為になるのです。ムダな拘束というのは、相手に「懲役」を課しているに等しいと認識すべきです。

逆に言えば、会議の時間設定や所要時間を必要最低限に抑えることが、相手への配慮になるわけです。ここでもムダを省く力、不要な手間を省く力が求められます。そして、仕事が済んだ後の拘束ではない時間での人と人の交流に関しては、もっと緩やかでルーズでいいんです。

要するに、**会議はコンパクトにするけれど、その後の飲み会はダラダラでかまわないんです**。飲み会になったら抜けてもいいわけですし。会議は全員出席しなければいけないのでそこはコンパクトにやり、あんなに時間を切り詰めた会議をした割には、お酒の席になるとダラダラしている――私はまさにそういうタイプですね。

会議ではテキパキするべきで、打ち上げのときにはダラダラでＯＫ。打ち上げだけテキパキして会議でダラダラでは、ただの宴会部長です。

テキパキとダラダラの２つの時間特性をしっかり使い分けることが大事です。ムダを省く手抜き力が求められる所以《ゆえん》です。

会議のムダを省く①「結局これだけ主義」

「とりあえず打ち合わせを」というのはとても仕事を停滞させる危険なフレーズです。言ってしまえば、仕事ができない人ほどよく使う言葉だということです。

ここで言う「とりあえず」はその場では意思決定をするつもりがないという気持ちの表れです。「情報交換だけをして、決めるのはいずれその後で」という発想なんですね。

しかしそれだと、結局は打ち合わせと称して集まる回数が増えていくだけです。サッカーでいうとゴール前で延々とパス回しをしているようなもの。**ゴールに向かってシュートする気のないパス回しは、エネルギーを消費させるだけ**です。ですから、そういう集まり方を見直していくことも時間と手間の節約、手抜き力のアップにつながっていきます。

みんなが時間を供出して集まる打ち合わせですから、その場でできる限り意思決定する、意思決定に近い状態にまで事を運ばなければもったいない。

意思決定に必要な情報やたたき台となる素材を用意して、それを見ながら修正したり議論して、意思決定に近づけていく。一回目の打ち合わせから意思決定を目指すという集まり方をするべきだと思います。

打ち合わせや会議が意思決定に至らないときは、「結局のところ何を決める集まりなのか」という根本的な目的がぼやけてしまっていることが少なくありません。それを回避するのは簡単です。「結局、これだけを決めればいいんですよね」という目的（その会議の本質）を明確にすればいいんです。

そのためにも、会議の最初から「結局のところ」を突き詰めていく。「結局は、これだけ決めれば形になる」ということから決めていく。言うならば「結局これだけ主義」という考え方です。私が仕事で打ち合わせをするときも、「結局」の部分からスタートするようにしています。

まずはその本質部分を押さえてしまうことで会議自体に余裕ができます。決めなければいけないことは決めた。後はリラックスしてムダ話でも……になるんです。ムダと思える話の中から生まれてくるものも確かにありますから。

でもそれはまず、「結局これだけ」という部分を先に共有して意思決定した後に、その余裕のもとで時間を割けばいいもの。時間がないときには、「結局」だけを決めて、「じゃあ、お疲れさん」で解散するという会議になることもあっていいんです。

会議のムダを省く②「忍者スタイル会議」

会議時間のムダをなくすための時間設定テクニックに、「時間の単位を変える」という方法があります。

会議時間を設定するときに「とりあえず1時間、時間を取ってくれる?」「サクッと1時間くらい会議できませんか?」という言い方をしていませんか。それはつまり、会議時間を「1時間」という単位で考えているということです。

しかし、余計な手間を省く、手抜き力を極めるために、みなさんには、1時間とはものすごく巨大な時間だと捉えていただきたい。8時間勤務のうちの8分の1にあたる貴重な時間なのです。

そこでまず時間の単位を「30分」に変えてみましょう。ほとんどの会議を「とりあえず30分、集まれますか?」と聞くようにするんです。段取りよくやれば30分でも相当なことができます。

しかし欲を言えば、30分でもまだ長いです。

私はときどき忍者スタイルを取り入れた会議や打ち合わせを持つことがあります。

瞬時に集まって、瞬時に決めて、瞬時に散らばる。時間がないけどこれだけは決めてしまいたいから、サッと集まってパッと決めて、5分後にはもう解散している。

そんな忍者のように集散が素早い、短いけれど意思決定できる会議を取り入れることで、長時間の会議を開く回数がぐんと減りました。


まず最初に、前項で述べた「結局これだけ」といういちばんの本質となるものを議題にのせる。大事なポイントだけにフォーカスして取り組む。

そして、会議時間を「○時間」ではなく「○分」で考える。

それが徹底できると会議の進め方が変わってきます。メンバーが集まって本題に入る前まではリラックスして雑談などで打ち解けていても、本題に入ったら切り替えて、「今日のポイントは――」「今日はこれだけ決まればOKです」などと、優先順位を意識した議事進行になっていく。そして決めることが決まったら、また雑談で緊張を弛緩させる。そのときに新しいアイデアやおもしろい企画が生まれることもあるでしょう。

決めるものは決める。省くものは省いて、抜くところは抜く。こうしたメリハリのある会議ができると、仕事の質は上がっていくものなんです。

ランチメニューに学ぶ、意思決定しやすい提案術

仕事のムダを除き、シンプルに効率化する上で大きな障壁になるのが「意思決定の遅さ」です。上からのGOが出ないがゆえにビジネスチャンスを逃すということも少なくありません。仕事における意思決定には、何よりもスピードが求められています。自分が決めるべきことであれば、自分自身で意思決定のスピードを上げることを意識すればいいのですが、問題は上司など自分とは別の人に意思決定を委ねるケースです。

会議などで次々に決められる人、懸案事項をバンバンさばいていける人が上司なら、仕事が滞ることもありません。

しかし上司も人それぞれですから、素早い決断ができる人ばかりではありません。上司がものを決められない人、決断できない人の場合は、こちらが「意思決定しやすい提案」をすることも必要になってきます。

決められない人に対して早い意思決定を促す提案方法としては、**選択肢を絞っておく**ということが挙げられます。

すべての選択肢候補を全部見せて「どうしましょうか?」と迫っても、相手が決断

できないのですから「いや、そう言われてもすぐに決めるのはちょっと——」となる可能性が高くなります。この場合は、

「A案、B案がありますけど、どちらでいきましょうか」という提案が○。選択肢を最小限に絞って提案することで決断が早くなる。上司にすれば判断の手抜きができるんですね。


食事に誘うとき、「何を食べたいですか?」よりも「和食、洋食、中華のどれがいいですか?」と聞いたほうが決めやすいのと同じです。


つまり、判断するための材料を、意思決定しやすい形で提示してあげるということです。2案に絞ってあれば、「A案よりはB案のほうが具体的だね」「B案のほうが時代に合っているんじゃないか」という話ができます。例えば、

「ちなみに君はどちらでやりたいの?」

「私もB案がいいかと。このほうがコスト的にもバランスがいいと思いますが」

「わかった。じゃあ、そっちでいいんじゃないかな」

——という流れになりやすい。


レストランのランチメニューのようなものだと考えるとわかりやすいでしょう。お店に入って「さあ、何を食べようか」となったとき、すべてのメニューを見ていては

なかなか注文が決まりません。でも昼休みは限られているので早く決めたい。

　そこに「当店のイチ押し」とか「定番&人気ランチ」といった〝すでに選択肢が絞られた〟メニューがあると、「じゃあ定番のしょうが焼き定食で」とか「人気ナンバーワンのカツカレーで」と素早く決められるでしょう。

　メニューをすべてフラットに列挙するのではなく、迷ってしまう人のために「迷ったらコレ！」という厳選メニューを用意しておく。

　つまり、列挙すればいいというものではないんですね。ただ全部を並べる、フラットに並列することの非効率さに気づきましょうということです。

　提案する側が事前に選択肢を厳選して絞っておくことで、決める側が迷うという時間のムダを省略できて、決断しやすくなるわけです。

「雑談」はコミュニケーションにおける最大の手抜きスキル

私たちが生活していく上で必要不可欠なのが、周囲の人たちとの人間関係、コミュニケーションです。

ひと口にコミュニケーションと言っても、家族関係やご近所付き合いなどプライベートなものと、同僚や上司、部下との関係、取引先や顧客との関係といったビジネスに関わるものでは、そのあり方、構築の仕方も大きく違っています。

ビジネス・コミュニケーションが、プライベートなコミュニケーションと大きく違うのは「意思決定」が最終目的だということです。

そう考えると、ビジネス・コミュニケーションに求められることは次の2つに集約できます。ひとつは「信頼関係を築く」こと。もうひとつは「決めるべきことをさっさと決める」こと。これがビジネス・コミュニケーションの本質です。

前項では、「意思決定」に関わるコミュニケーション術を紹介しましたので、ここでは「信頼関係を築く」というプロセスに注目しましょう。

ビジネスとはいえ、関わっているのは人間同士です。意思決定するだけの付き合いでは殺伐としてしまいます。営業をするにも相手との信頼関係がないと仕事内容そのものにも目を向けてもらえません。

それならば、まずは自分が相手に、人として信頼されることにエネルギーを割くべきなのは自明の理でしょう。いかに手間をかけずに相手と信頼関係を築けるかです。どうすればお互いの距離を縮められるか、早く気心が知れあう関係になれるか。

そのためのいちばん効果的なスキルとして、私が提唱したのが「**雑談力**」なんですね。私はあちこちで、雑談する力、雑談力の重要性についてお話ししています。

雑談のポイントは「中身のない話でいい」ということです。意味がない話、結論のない話をすることで、その場の空気を温め、緊張感をほぐして、お互いの距離を縮めていく。そうすることで、その後の意思決定がスムーズになります。

雑談は「中身のないムダ話」ですが、「必要のない話」ではないんですね。1、2分雑談をすれば、およそ気心が知れる。ムダなことを省くのが手抜き力ですが、雑談は、手抜きどころかビジネス・コミュニケーションに必要不可欠な段取りなのです。

雑談に限らず、**人間関係を温めておくほうが後々の仕事の効率がよくなる**ことはよくあります。一回、飲みに行ったことで打ち解けて仕事がスムーズに運んだとか、ゴルフに行ったことで気心が知れあって、細かい気の回し合いをする必要がなくなったとか。

だとすれば、それはビジネスにおいては必要な手間ということになります。

アポを取ってあっても、訪問前にもう一度、「これからお伺いしますのでよろしくお願いします」と電話を1本入れておくだけで、会ってからのハードルがひとつ下がることがあります。

また何度も電話のやり取りを繰り返すくらいなら、1日仕事になっても直接出向いて顔を合わせて話したほうが早いという経験をお持ちの方もいるでしょう。これも同じこと。

電話1本や、相手に出向くというひと手間が、その後の、しかもより大きな手間を省くことになるのです。

省きのうまさを芸にする

第2章でも紹介した娯楽映画の巨匠、マキノ雅弘監督は、早撮りする監督としても有名でした。1本の作品をたったの3日半で撮り終えてしまったという逸話もあるほどです。

あまりにも早くでき上がったために、その映画の宣伝用ポスターの印刷ですら間に合わなかったといいます。

早撮りというのは映画監督としての才能であり、力量なのだと、前出の本『マキノ雅弘の世界』のなかで森繁久弥さんは述べています。彼が言うには、

「1日かかってワンカットしか撮らないというのも巨匠だが、一年かかる映画を十日で撮れるというのも巨匠と言っていいね」

(山田宏一『マキノ雅弘の世界―映画的な、あまりに映画的な』ワイズ出版映画文庫、2012年、150頁)

早く撮れるがゆえに〝便利屋〟のような扱いもされたけれど、そこに自分らしさを

追求していたということですね。

早く撮るということは、じっくり時間をかけて撮る監督にくらべて、省略している部分が多いということです。それ相応の手抜きをすることで、撮影時間をギュッと短縮する。当然のことですが、その手抜きがいい加減な仕事ぶりではなく、**省きのうまさであり手抜きの芸になっている**。だからマキノ監督にはオファーが絶えませんでした。昔の牛丼のキャッチフレーズではありませんが、「早い、安い、うまい」名監督だったのです。

この「早い、安い、うまい」は手抜き力の基本です。

一流と呼ばれる仕事人はみんな「早い、安い（これは業界の相場にもよりますから何とも言えませんが）、うまい」人たちです。

映画界にはじっくりと、芸術性を重んじて、詳細にまでとことんこだわって、すべてに納得がいかなければゴーサインを出さないという監督もいました。例えば、かの巨匠、黒澤明監督もそうしたひとりでしょう。

両者を単純に比較することはできませんが、マキノ雅弘監督の早撮りを極めるような仕事ぶりというのは、生産性を高めるという意味では、ひとつ学ぶべきところが多いスタイルなのではないかと思います。

私の場合も、何年もかけて1冊の本を書くこともありますが、そういう本というのは結果的にあまり売れないことが多い。時間をかけて書いていくうちに、「これも入れよう」「ここはもっと説明したい」「この部分はもっと掘り下げたい」という、自分のこだわりが増長してしまい、内容がどんどん難しくなってしまうんです。

教育学者としてはそれでもいいのですが、世の中はすごく速いスピードで動いています。書籍の世界にしても、出版しても品切れや絶版になるまでの期間がとても短くなっています。出てはすぐなくなる。また新しいものが出る。それもすぐ消えて、また次——。

そういうスピード社会でどうやって自分の言いたいことを伝えていくか。そう考えたとき、マキノ監督のように限られた時間の中で素早くつくって素早く世に出していくという仕事ぶりは、私にとって非常に大きなヒントになっているんです。

もちろんこれはビジネス全般に言えることだと思います。何もかもがどんどん動いていく、最新のものでもあっという間に古くなってしまう世の中では、どんなジャンルのビジネスにせよ仕事の進め方にスピード感が求められます。

限られた時間の中で、スピードを重視して仕事をする。そんな時代だからこそ、ムダを省く力、手抜き力のあるなしが問われてくるのです。

2 必要なものだけを効率よく——手抜き情報収集テクニック

仕入れた情報は、誰かに話して定着させる

せっかくおもしろい本を読んだのに、内容をすぐに忘れてしまう。いい話を聞いて感銘を受けたのに、いつのまにか記憶から飛んでしまう。

そんな経験はありませんか。

人は忘れる生き物であり、仕入れた情報をすべて覚えている人などこの世にはいません。だからこそ重要なのは、「これは」という自分にとって必要な知識や情報をいかにしっかり記憶するかなのです。

知識や情報を記憶する際に大切なのは、内容を理解しながら記憶として定着させること。そのためには、声に出して話すというのがとても効果的です。手っ取り早くやるなら、**仕入れた知識を誰かに教えてあげればいい**。

「昨日読んだ本にこんなことが書いてあって、すごくおもしろかったよ」

「これこれ、こんなことが書かれていて、なるほどって思ったんだよね」

と、家族でも友だちでも同僚でもいいので、誰かに覚えた知識を教えるように話す。覚えたことは、声に出して誰かに話すことでより記憶に残りやすくなります。

声に出して話すと、自分自身ももう一度、自分の耳で自分の声を聞くことになります。

つまり覚える対象のものを声に出す行為は、聞いて覚える行為と連動していることになります。覚える、話す、(自分ももう一度)聞く。この繰り返しによって、知識や情報をより確実に脳に定着できるのです。

昔よく歌っていた歌は、何年も後に久しぶりに歌っても歌詞がスラスラ出てきます。これも声に出して歌うという行為によって歌詞が脳に定着しているから、と言えるかもしれませんね。

また、誰かに話すということは、自分の中で覚えた情報を理解しなおすことにもつながります。話すことによって、自分自身も理解を深めることにもなるのです。

「鉄は熱いうちに打て」ですが、「**情報は熱いうちに話せ**」ということです。テレビを見ていて「おもしろい」と思ったら、すぐに誰かに話す。インターネットで興味深いネタを見つけたら、すぐ誰かに話す。知識や情報は仕入れたらすぐに話せ、と。

情報は熱いうちに話せ

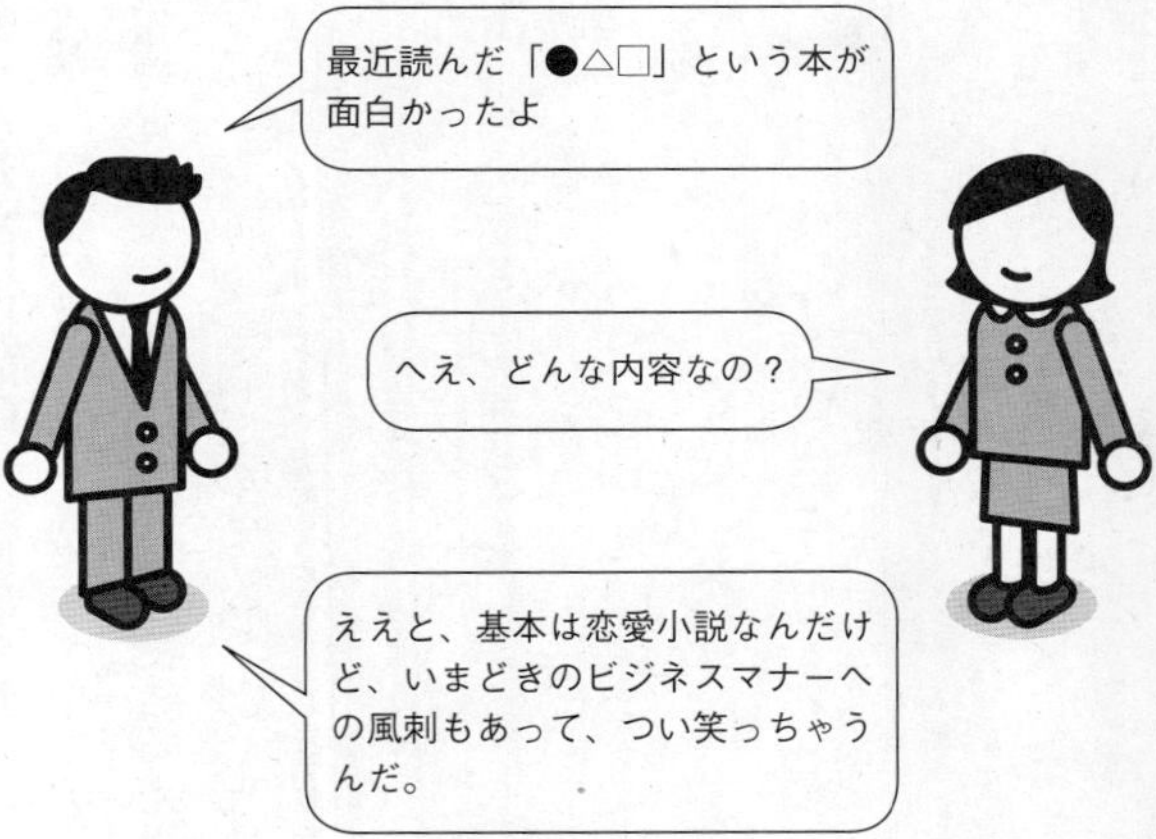
最近読んだ「●△□」という本が面白かったよ
へえ、どんな内容なの？
ええと、基本は恋愛小説なんだけど、いまどきのビジネスマナーへの風刺もあって、つい笑っちゃうんだ。

情報は、人に伝えることで定着し、
雑談することによって、さらに理解が深まる。
頭の中だけで記憶しようとするより、効率がいい。

ポイント 情報を「がんばって覚える」のは頭のムダ使い。

知り得た情報をどれだけ自分の身に付けられるか。記憶にかけるエネルギー効率をいかによくするか、情報の吸収率をアップさせるか。

仕入れた情報や覚えておきたい知識は、できるだけ日々の会話の中に盛り込んで自分から話すことで、ササッと自分のものにしてしまう。これは、長い時間をかけて黙々と覚えようとする時間を省く効率のいい記憶術であり、情報吸収テクニックだと言えます。

２割読んで８割理解する「ニッパチ読書」のすすめ

インターネットで簡単に情報が集められる時代になりましたが、やはり本が人間にとって情報や教養の泉であることは間違いありません。

私も読書量はかなりのものという自負があるのですが、よく言われるのが「齋藤先生はいつも忙しそうで、本を読む時間がなさそう」「時間のない中で、よくたくさんの本が読めますね」ということです。

実は私、本を読むスピードがかなり速いんです。新書なら約30分で１冊くらい。もし５冊あっても、だいたい２時間半ぐらいあれば読める計算になります。

それにはコツがありまして――。

本の２割部分をセレクトして読み、そこから８割の内容をつかむというのが私の読書の方針で、これを「ニッパチ読書」と自分で名づけて呼んでいます。

つまり全体が２００ページの本なら、およそ40ページを選んで読むんです。ここで重要なのはどの40ページを選ぶかということ。そこを読めばその本のおよその主旨がわかる重要部分だけを抽出して、その40ページに関してはしっかり読み込むわけです。

必ずしも最初の40ページが最重要部分だとは限りません。ただ、まえがきとあとがきには本の基本的なエッセンスが書かれていることが多いので、まず最初にまえがきとあとがきを読む。その上で大事だと思う章の、大事だと思う部分だけを読みます。するとそれだけでも、全体の2割しか読んでいないのに、およそ8割の言いたいことがわかってくるんです。とくに新書やビジネス書というのは、自分に必要な情報を得るという目的に特化して関わっていけばいいものなので、こうした方法が有効なのです。

このニッパチ読書を身に付けると、読書のスピードがアップし、読む冊数も格段に増えてきます。新書なら30分ぐらいあれば1冊を読めてしまいますから。その結果、情報摂取量が膨大になります。

そしてもっとも大きなメリットは、**その本の本質を瞬時につかむ能力を鍛えられる**ということです。

目次を見たり、帯の文章を読んだり、あるいは全体をパラパラめくりながら、「ここは重要、ここは飛ばしてもOK」というように、読むべき部分を見つける訓練になるんです。最初のうちはあれもこれも選んでしまうかもしれません。でも、一応読んでおこうではなく、今自分が探している情報だけを見つけようという意識を持って回数をこなしていくと、やがて、自分に必要な言葉やフレーズだけが飛び込んでくるようになります。

いわばサーチライトを巡らせてターゲットを捜すのに似た感覚で、自分に必要なキーワードやキーフレーズだけを狙い撃ちするようなもの。もしくは、獲物を捕まえる山の猟師であり、海の漁師の感覚で本に臨むのです。

「とりあえず網を仕掛けて総ざらいしよう」「何となく銃を撃ってみよう」ではなく目を皿のようにして獲物を探し、見つけた瞬間に釣り上げる、見つけた瞬間に撃つ。

そういった狩猟感覚を読書に持ち込むんです。

それには、関係ないところは「今の自分には不要だった」「縁がなかった」と思って読まない勇気も必要です。「せっかく1冊買ったのに、読まない部分があるのはもったいない」とは考えず、不必要な部分を読む時間のほうがもったいないと割り切ります。

そもそも200ページの本に書かれていることを、すべて身に付けて吸収できるような人などいません。多くの人は読んだ直後でもほとんどその内容を忘れているものです。

そう考えると、大事なポイントを2割だけ厳選して、そこだけをしっかり読み込んで自分のものにするほうが、結果として情報の吸収率はアップします。

満遍なく10割を読むよりも、自分が主体的に探して絞り込んだ2割をしっかり読んだほうが自分に残るものが多いし、例えば1週間後にもう一度本の内容を聞いたときに、きちんと覚えているんです。

このニッパチ読書。ある意味、速読術とも言えるこの方法で本を読むようになると、並行的に20冊ぐらい読めるようになります。それまで1か月に10冊ぐらいの読書量だった人も、1か月で50冊、100冊という単位になってきます。するとあるときから、知識が「量質転化」を起こします。量が大きく増えると質的にも変化が起こるんです。

生クリームをずっとかき混ぜていると、ある瞬間、突然固まってホイップクリームになりますよね。知識にもそういう瞬間があるんです。読む本の冊数が何百冊、何千冊と増えていくと、ある瞬間から情報吸収率がずば抜けて速く、正確になってくるんですね。

私はこの現象を「**読書が技化する**」と呼んでいます。

技化すると、瞬時にその本の内容を把握できるようになる。2割しか読まないという「手抜き読書」にもかかわらず、読めば必ず本質をつかめるようになるんですね。

読書は「必要なところだけを勝手にチョイス」でいい

　私は、ニッパチ読書をしながら、なおかつ三色ボールペンで本に直接マーキングすることを心がけています。重要なワードやフレーズに丸をしたり傍線を引いたりして、識別できるようにしていくんです。

　ペンがないときでも、「このページは大事」だと思ったらページの隅を折って目印を付けておきます。本に自分なりのマーキング処置を施しながら、言葉は悪いですが、自分流に汚しながら読むようにしています。

　読書はどうしても受け身になりがち。とりあえず書かれていることを全部読んでみようとなってしまう。そうではなくて自分が主体になって、**自分から働きかけて読むことが重要**なのです。

　もちろん本にとって著者の人格は非常に重要なものです。書かれている知識だけではなく、著者の人格、あるいはトータルな人間性も含めて、その本の本質的な情報なのです。

　だからこそ読む側が、著者のエネルギーが集中している部分を探して読む。そこにどういうオリジナリティーがあるのかを探して読む。

「あなたがこの本でもっともエネルギーをかけた部分はどこですか？」

「読者である私にとって、この本はどんな意味を持つのですか？」

と著者に問いかけながら読むことが大事なんです。

自分主体とはいえ、著者をリスペクトすることは大事です。著者へのリスペクトがないと情報の吸収力が弱まってしまうんです。「この著者は、あまり信用できない」と思って読んでも集中力は出ませんから。

でも、リスペクトはするけれど、あくまでも主役は私。私が必要なところだけを読んで、必要なものだけを勝手にチョイスしますよと。そういうスタンスで本に対峙する。

自分が主体の読書を心がけると、本から得られる情報の質も量も一気にアップします。

制約があるからこそ手抜きができる

仕事というのは時間的な制約、目的上の制約、予算上の制約など、さまざまな制約の中で進んでいきます。制約など何もない。好きなように、いくらでもお金をかけて、いつになってもいいからやってくれ、というのはもはや仕事ではありません。

「予算がこれだけなら、これをやるのはムダじゃないか」

「納期までこれしかないのなら、ここは縮小するかやめたほうがリスクが少ない」

「ターゲットをこの世代に絞るなら、この機能はいらないだろう」

まず**すべての制約を明確にしてフレームをつくり、そこに収まるように進めていく**。それが仕事の大原則なのです。

コンペのプレゼンのために資料をたくさん用意したけれど、最終的に発表時間が3分しかなければそんなに準備をしても使えません。それならば3分という制限時間で自社のメリットが最大限に伝わるように、不要なものは省き、切り捨て、整理してスリムにしていくしかありません。

ここでも不要なもの、ムダな要素を徹底して省く「手抜き力」がものを言うんですね。こうした発想は、「編集」に非常に近い作業です。

例えば、映画の製作現場では、何十時間も撮影したフィルムを編集し、シーンをそぎ落として最終的に2時間くらいの映画にまとめていくわけです。たまに上映時間が4～5時間もあるような超・長編映画があると、作品の出来という評価以外の部分で、「もうちょっと編集を頑張れなかったのかな」などと思ってしまいます。

映画の編集作業というのは上映時間という制約があって、そこに収めるために残したいけれど重要度の優先順位を考えて〝泣く泣く〟カットするといいます。そうやってそぎ落とされてスリムになった映画にこそ、制作者側が伝えたいエッセンスがより凝縮されて伝わって「内容の濃い2時間だった」ということになる。

ですから、「カットするところがないから4時間の映画になりました」というのはどうなのかと。「撮影しちゃったからできる限り使いたい」気持ちはわかりますが、そこからそぎ落とす編集こそが重要なのではないかと思うのです。

以前、『理想の国語教科書』（文藝春秋）という本を書いたときのことです。そこではゲーテやシェークスピア、夏目漱石など30～40人の作家の作品を取り上げたのですが、言うまでもなく、スペースの制約があってすべての作品の全文はとても載せられませんでした。

ですから当然、短い文章をセレクトしたり、ポイントとなる一部分を抜粋したりすることになりました。名だたる名作のどの部分を抜き出せばいいのか。どこを省いて、どこを捨てて、どの部分を載せるか、という問題に直面したのです。

この本は、小学生に読ませたい作品を紹介するという目的がはっきりしていました。さらに使えるページ数も限られています。ここでもこうした制約をフレームにして、そこに収まる部分をセレクトして掲載する必要がありました。

ドストエフスキーの『罪と罰』なら、「この部分を、ここだけ抜き出して小学生に読ませて、果たして意味がわかるだろうか」ということを考えるわけです。

よく写真を撮るときに手で四角くフレームをつくって風景を切り取りますが、あんな感じで「この目的を満たして、このページ数に収めるなら、どの文章を、どれだけ抜粋すればいい？」という見方で作品を見渡し、「それならこの場面」と決めて載せていく作業を地道に積み重ねていきました。

制約というフレームに合わせるから、ゲーテでもドストエフスキーでも特別扱いせずに、目的にそぐわない部分、必要のない部分はバンバン省いていく。そうした仕事の中で、フレームにフィットする本質部分を探して、そこだけを抽出するスキルの重要性を再認識したのです。

今は誰もがインターネットで情報を集め、パソコンで編集できる時代です。でもただ集めただけでは、それは単なる情報の山でしかありません。読む側に一から〝山狩り〟をさせるのか、雑草を取り去って最短距離の道筋を用意できるか。それが仕事ができる、できないの分かれ道になるのです。

企画書や資料などでも、取り寄せた情報をそのまま羅列するのではなく、目的に合わせて編集し直してみる。ただの羅列ならA4用紙で5枚になるところを、ムダの省略と編集でA4用紙2枚とか1枚にまでスリムにしてみる。

でき上がった書類を見る人からしてみれば、忙しい中で何枚もの資料を列挙されるよりも、エッセンスを簡潔にまとめたたたき台を1枚で見せてくれたほうが時間効率がいいということにもなります。

仕事ができる人ほど、エッセンスだけを見て瞬時に物事を判断できるもの。であれば、的を射たシンプルな資料をつくる能力を先方にアピールできるかもしれません。

エッセンスを捉える＝本質を見極めるという手抜き力を、さまざまな制約の中でいかに発揮できるか。現代のビジネスにはそうした能力が求められています。

アウトプットしないものはインプットしない

情報収集において「いつか使う」という発想をやめることも、ムダを省く手抜き力のスキルになります。

手抜き力の極意のひとつ「『念のため』『一応』をやめる」にも通じるのですが、「いつか使うかもしれないから」ダウンロードしておこう、コピーをとっておこうということをしないということです。

もっと言うと、「アウトプットに使わないものはインプットしない」ということ。

新聞記事やインターネット上の情報をスクラップする場合でも、目についたものはとりあえず何でも取っておくという人がいます。でもこれははっきり言ってムダ。**「いつか使うかも」の「いつか」は、まずやってきません。**

何でも集めてしまう人は、仕事のために情報収集しているのではなく、「情報のコレクター」になってしまっているんです。コレクターとは、集めるという行為自体が目的の人。集めたものを使うことが目的ではないのです。趣味の世界ならともかく、ビジネスでは情報コレクターになるべきではありません。何に使うかが明確な情報だけを厳選して収集する、目的を持って収集することが大事なんです。

いろいろな情報がかなりの程度で、いつでもどこでも取り出すことができる現代では、とりあえず情報をストックしておくという行為はほぼ必要なくなってきています。情報がほしいときにはもう一度検索をし直せば、またすぐに手に入るのですから。

そういう環境ですから、どう使うのかという目的、仕事の上で使うタイミングがわからない情報は割り切って捨てておけばいいのです。

パソコンのハードディスクにデータを山ほど詰め込みすぎると、動きが遅くなってパフォーマンスが下がってしまいます。そんなときには使うデータ以外は削除してしまうのがもっとも簡単で確実なリカバリー方法です。

それと同じで確実に使う情報以外は集めない。アウトプットする予定がないものは、あえて今、インプットしない。手を抜いて使うものだけを探せばいいのです。

情報過多の時代だからこそ、情報に埋もれずに、情報から身軽になる。それがあなたの仕事のパフォーマンスを上げることになります。

3 相手に合わせて〝抜き方〟を変える

手抜きの仕方は相手を見極める

人とのコミュニケーションなしに、ほとんどのビジネスは成立しません。できるだけ手を抜いて（手間を省いて）、本質だけを捉えていくスキルが手抜き力なのですが、ビジネス相手のタイプによっては、本来の手抜き力が持つポジティブなメリットが上手く発揮できない、通じないケースもあるでしょう。

例えば相手が非常に細かい人だったり、格式や礼節を重んじる人だったり、手続き至上主義の人だったりした場合には、あまり極端に手抜き感を出すと、相手を不快にさせて信用を失ってしまう、信頼関係を失ってしまうことも起こり得ます。

とくに日本の場合は、必ずしも合理的思考やムダを省く発想がよしとされていない面もあります。

ですから、手抜き力というスキルは、相手のタイプを見極めて使い分けること、手

の抜き方を相手のタイプに調節していくということも、大事になってくるのです。

相手には相手のライフスタイルがあり、それを無視して自分のやり方だけをぶつけるのは、手抜き云々以前の問題です。

いわば「人を見て法を説け」ということ。この人に手抜き力のスキルは通用しない、使ってはいけないという判断ができるかどうかが重要になります。

手抜き力の本来の目的は、結果としてトータルな仕事効率をアップさせること。この目的を見失ってしまってはいけません。

相手によって手の抜き方を変えたり、場合によっては手抜きを封印してムダを受け入れることもまた、ひとつの手抜き力のスキルになりうることもあるでしょう。

次項以降では、いくつかのタイプ別に、押さえておきたい手の抜き方、手抜き力の使い方のポイントをご紹介しましょう。

代替不可能な人なら、相手に従う

年配の人、昔気質の人情系ビジネスマンに多いのが、仕事を合理的にテキパキと進める方法をあまり好まない人です。

ビジネスの前に、お互いじっくりと時間をかけて馴染みたい。雑談をする間柄から始めて、一緒にお茶を飲んで、食事に行って、飲みに行って、それからようやく商談になるというタイプです。

仕事をお願いしたのに、何回も銀座に飲みに連れて行かないと、なかなか原稿を書き始めてくれない作家さんというのも似たケースですね。

テキパキを好まないタイプとはどう付き合うか、手抜き力をどう発揮すればいいか。

この場合、重要なポイントは相手との「力関係」にあると私は考えています。

例えば、その作家さんに作家として代替不能の才能や能力があって、それをこちらがどれだけ必要としているか。同じ力量で、同じクオリティの作品を書けて、締め切りも確実に守ってくれる人が現れたら、きっとその編集者は、そちらの作家に依頼するようになるでしょう。早くて確実な人に頼むようになる。

これは**市場原理そのもの**です。その作家が超売れっ子で、類い稀な才能にあふれ、世の中のニーズも高くて出版社側もその才能に注目しているのであれば、その作家が求めているムダと思われることにも付き合うことになります。

俳優さんでもそうです。ギャラから食事から楽屋から何から、ものすごくお金がかかるし、周囲のスタッフも気を使うけれど、その俳優が出演すると映画やドラマの格が一気に上がる。そういう代替不能な人ならば、どんなムダであっても求められたら付き合うしかないでしょう。「時間のムダを省いて、もっとテキパキ撮影しましょう」などと言ったら、仕事がすべてオジャンになってしまいます。

ムダを好む相手を受け入れるか、省く方向に持っていくか、それはすべて力関係で決まっていくのです。手抜き力はビジネスにも大きなメリットをもたらしますが、それを誰にでも当てはめていいということではないのです。

郷に入れば郷に従えと言いますが、相手が力関係的に優位にある場合は相手のスタイルに従っていく。まずは懐に飛び込むということです。

相手に力があるんだからこちらは言う通りにしろとか、腰ぎんちゃくになれとか、そういうことではありません。最終的なムダを省くためにはこうしたコミュニケーションから始めるのが、実はいちばん手っ取り早いということなのです。

テキパキが嫌いな人とは、最初に深く付き合う

テキパキを好まず、「まずは一杯飲んで、胸襟を開いて打ち解けよう。仕事の話はその後で」という〝飲みュニケーション〟を重要視するようなタイプの人は、いちばん最初のところで思いっきり付き合っておくと、その後は一気に打ち解けるというケースが非常に多いですね。

最初の関門があって、「酒にも付き合えないようなヤツは信用できない」などと言う人ほど、最初に誘われたときにとことん付き合えば、あっという間に「見どころがある」「なかなかいいヤツだ」と信頼してくれるもの。濃い付き合いにこだわる人は、案外とディフェンスが弱いんです。

そういうタイプとは、ムダとか時間の省略とか考えずに、**はじめに濃く付き合ってしまったほうが、打ち解けるまでの時間も早く、結果として仕事効率が高い**わけです。

私にも経験があります。大学に勤め始めた頃は、とにかくみんなで飲みに行きました。とくに入試前後で業務が増えるときなどはもう、毎晩のように飲んでいたんです。

こう毎晩毎晩では何だか時間がもったいないと思ったこともありましたが、そこで考え直して、最初の1年はそういう年にすると決めたんです。ひたすら飲みに行って、

知り合いを増やす年にしようと。あれこれ考えずに、飲みに行こうと誘われたらできる限り参加してとことん飲む。

そんな付き合いをしていたので、今、文学部の教員のほとんど全員と打ち解けた関係になっているんです。文学部だけで教員が100人ぐらいいるのですが、相当数が仲のいい知り合いという感じです。

そうすると、大学以外の私の仕事についても「齋藤さん、いつもテレビ見てるよ」「あの番組はおもしろかったよ」と、みなさん応援してくれます。テレビの仕事とかが増えても、嫌味とか皮肉とかを言う先生もいない。そういう人間関係ができているので、先生方との付き合いはものすごく楽なんですね。

当時は毎日飲んでばかりのムダな付き合いのようにも見えたけれど、人間関係の構築とかコミュニケーションという意味では、とても大きな意味があったんです。

ですから例えば、新入社員で入社して最初の上司が酒の付き合いを重視する人だったら、「仕事とプライベートは別」などと言わずに、さっさと飲みに行ってしまうのがいい。

最初の何回かを深くガッツリ付き合って飲んでおくと、いざというときに「今日はどうしても抜けられない用事があって」という逃げ口上が使えるんです。最初にガッツリ付き合っているからこそ、「そうか、じゃあ今日は早く帰れ」と言ってもらえる。

もし最初から酒の付き合いを拒絶していると、「それで仕事が務まるか、酒も仕事の内だ！」になりかねません。いつまでたっても相手との距離が縮まらないんです。

濃い付き合いを重ねたいという相手なら、最初にとことん深く付き合ってしまう。飲みュニケーション至上主義の相手なら、最初にとことん飲みに行く。

相手の懐に飛び込んで、相手のスタイルに合わせて、早い段階から人間関係や信頼関係を築いてしまう。「そのほうがあとが楽」という意味で、これも立派な手抜き力です。

礼儀を重んじる人は、「礼」さえ押さえておけばOK

人間関係において、まず礼儀正しさや礼節を重要視するというタイプもいますね。例えば、取引先を招いての会議やプレゼンの席などでも、「せっかく来ていただいているのに、いきなり本題から入るなんて先方に失礼だろう」などと言い出す人です。

こうしたタイプは、ムダな時間や手間を省こうという手抜きマインドとの相性がすこぶる悪いと思われます。「ムダの省略＝ドライでビジネスライク、そして無礼」となってしまうのですから、手抜き力は通用しないように見えるでしょう。

しかし実は、**礼を重んじる人を相手にするときこそ、手抜き力が生かされるのです。**

それはどういうことか。

何よりも礼儀正しいことを重んずる「面倒くさい人」ほど、その礼儀さえ押さえておけば大丈夫、ということです。

何はなくとも、元気なあいさつだけは欠かさない。お礼、お詫び、目上の人への対応などといった礼儀が試されるときはキッチリした対応をしておく。それだけで「礼儀をわきまえている、ちゃんとしている＝いい人物、仕事をしたい人間」という相手の方程式にフィットして、仕事ができるできない以前の信用を得ることができるんです。

押さえておきさえすればいいのですから、いちいち頭やメンタルを使わなくてもいい。お中元やお歳暮の時期になったら、**とにかく機械的に送ってしまうん**です。極端な話、贈る品物も、手配するデパートも決めておいて、時期になったら自動的に配送される手配をしてしまえば、毎回頭を悩ます手間も省けます。

『論語』に出てくる孔子の言葉に、

『束脩《そくしゅう》を行うより以上は、吾《われ》未《いま》だ嘗《かつ》て誨《おし》うること無くんばあらず』

というものがあります。束脩とは「干し肉の束」のこと。この文を訳すと、「授業料として干し肉一束でも持ってくれば、身分などに関係なく、私は誰にでも学問を教えてきた」という意味になります。

干し肉一束とは、今でいう「菓子折り」のようなもので謝礼の喩《たと》え。この文は、最低限の礼の気持ちさえ見せてくれれば誰にでも教えますよ、と。教えを請う気持ちや礼を表す気持ちを見せることが大事なのですよ、ということです。

礼とは「それさえ外さなければ、後はオッケーにしましょう」というお互いの了解事項であり社会的慣習なのです。

年末年始のあいさつ回り、お中元・お歳暮、暑中見舞い、葬儀の香典や弔電、お祝い事に花など——相手が、押さえるべきところは押さえてほしいという人だったら、そこだけはキッチリ押さえておくことが大事。そこでプラスイメージさえ与えておけば、後々、仕事をするときに非常に楽になるはずです。

孔子でさえそうなのです。だから、あれこれ考えずに形式的にでもやっておけばいい。これが「礼」という慣習のメリットでもあるのです。

「礼」は手抜きのためのシステム

そもそも「礼」自体の基本構造が手抜きの発想でできていると、私は考えています。感情や思考、意識は人によってそれぞれ違います。だからお互いに胸の内がわからない者同士が人間関係を築く際には、個人間の細かなやりとりを省いて、「これだけやったら、それで2人は仲間同士ということにしましょう」と。それが礼です。

最初に会ったときはあいさつをする、訪問のときは菓子折りを持っていく、こうしたことはすべて、「敬意を払っている」「申し訳ないと思っている」といった気持ちを伝えるための「型」であり、行動様式と言っていいでしょう。

型を決めて、それに行動を落とし込むことで手間を省く。それが手抜き力の実践ルールであることは、第2章で述べました。

こうした行動様式は、人間に限った話ではありません。

コンラート・ローレンツというオーストリアの動物行動学者が『攻撃』という著書の中で、動物には戦いをやめる儀式があるといいます。犬は敵と戦って「コイツにはかなわない」と思ったら、おなかを向けてしまう。それが「戦いはもうやめる」という合図になっている。白旗を揚げるのと同じで、これをやったら「降参」「もう手打ちにして和解しましょう」という行動様式なのですね。

話を人間に戻しましょう。

大学生が教育実習に行った先で不始末を起こすと、大学側にも責任があるということで、教員が謝りに行くんです。私も何度か謝罪に出向いたことがありますが、菓子折りを出して「申し訳ありませんでした」と型通りの謝罪をすると、「まあ、今回は仕方ないですね」となって、ほとんどの場合、不始末についてのやりとりはおしまいになります。

そこではもう余計なことは言わない。言うと「礼」という行動様式が崩れて、問題が終わらなくなってしまいます。

そしてその菓子折り代というのは、だいたい最初から大学側の予算に含まれています。つまり**謝罪するときは菓子折りを持っていくというのが、システムになっているんですね。**

謝る側は手ぶらではなく菓子折りを持っていく。

謝られる側は、菓子折りを持ってきたら、とりあえずは機嫌を直して勘弁してあげる。

菓子折りは謝罪の品であると同時に、「もう終戦にしましょう」という提案であり、意思表示の行動様式なのです。

気持ちや思いを、共通の型や行動様式に集約することで、良好な人間関係維持のためにかかる手間や時間を省いていく。礼とは、まさに究極の手抜き力なり、です。

細かい人とは、チーム内で役割分担する

手抜き力とは、本質さえ押さえてあれば、そのほか些末な部分に関しては「だいたいでいい」という、エネルギー効率や時間効率を重視するスキルです。

しかし世の中には何事にも細かいこだわりがある人、細部に至るまで完璧でなければ気が済まない人、そういうことに価値を見出す人も少なくありません。こうした手抜き力とは対極にあるタイプの人と仕事をするケースも多々あるでしょう。

でも実は、すべてに細かい人と本質だけあれば後は大雑把な人とは、むしろ組み合わせたときの相性がいいとも言えるんですね。

この章の最初にも書きましたが、仕事というのは、全体を推進していく役割と、緻密にチェックや確認をする役割と、大きくふたつに分けられます。

前に進まなければ仕事は動きませんが、燃料タンクに小さな穴が開いていては、いつかは歩みも止まってしまいます。そうした故障やミスがないように細部に注意を払うことは非常に重要ですが、細部にこだわりすぎて進み方が遅くなると、今度は仕事全体が滞ってしまいます。

どちらか一方だけでは、組織やチームは成り立たないんですね。ですから細かい人

と仕事で組むときには、最初にそうした意識を持ってもらうことが大事になります。

あなたは細かい部分の担当、私は大筋を動かす担当と。手抜きをしているのではなく、チーム内での役割分担だということをアピールして相手に納得してもらうのです。

組織内で手抜き力を発揮するためには、この「分担する」という意識が大事です。

同じ仕事を一緒にしようとすると、仕事へのスタンスの違い（手抜き力と細部へのこだわり）があからさまに表出して、細かい人に「あいつは不真面目」「手抜きばかりで怠けている」というマイナス印象ばかりが伝わってしまいます。

ドライブでいえば、運転は私がしますが詳しい道はよく知らないので、間違えないようにナビをしてもらえますか、ということ。大筋は押さえるので、細かい部分のフォローをお願いしますという対応の仕方をするのがベストです。

細かい部分がどうしても気になってしまう、すべてをチェックしなければ気が済まない、書類はきれいな書式にしないと落ち着かない。そういうタイプの人こそ、手抜きの上手な人＝手抜き力のある人と組むことで、自分の能力をより発揮できるもの。

仕事のやり方やその人の持ち味によって役割分担をすることで、一方は手抜き力のスキルを発揮してテキパキと仕事ができ、もう一方も持ち味であるじっくりこだわる仕事ができるのです。

ただし分担するときには、お互いの仕事量にあまり差が出ないようにすることが大切。細かい人の仕事ばかりが増えてしまうと、これもまた不公平感から「あいつだけ楽をしている」と思われてしまいます。

手抜き力の発揮のみならず、組織やチームにおいて役割分担という考え方が非常に重要視されているのは言うまでもありません。

サッカーを例に見てみましょう。

サッカーでは点を取るフォワード、守備をするディフェンダー、ゴールを守るゴールキーパーなど、それぞれ役割でポジションが分かれています。

役割という視点で見ると、ゴールキーパーやディフェンダーは手抜き力を生かせるポジションではありません。あまり手を抜きすぎると直接失点につながってしまいますから。

でも点を取るフォワードなどは、ある程度ラフでもいいから、とにかく点を取るという役割です。ここぞという大事な局面にピンポイントで集中して動いてゴールを決める。

セリエAの名門チームACミランにフィリッポ・インザーギというすごい選手がい

ました。彼はどちらかというと卓越したテクニックや人並み外れたスタミナがある選手ではありません。彼の持ち味は瞬発力とスピード、そして嗅覚に尽きます。

要するに、試合になるとシュートを打つチャンスの〝臭い〟だけを嗅ぎつけて、ボールに向かっていくんです。そして確実に決める。もっと言えば、チャンスボールが転がってくる場所に〝いる〟という才能がずば抜けている。

それは多分、野性のカンのようなもの。選手がボールを奪い合っているところには入らない。そしてボールが集団からこぼれてくると、なぜかそこに彼がいるわけです。インザーギ本人も、「なぜかボールが自分の前に転がってくるんだ」と言っています。

チームや組織にはこういう人が必要なんです。全員がハードワークばかりで力を抜かないと、チーム全体が疲れ切ってしまいます。抜くべき手間は抜いて、決めるべきときにキチッと決めるフォワード感覚というか攻撃的なセンスを持った人がいないと全体としての決定力が生まれないんです。

ですから仕事に関しても、最終成果という勝利を得るためには、どんな役割分担をすればいいのか、ゴールを決める攻撃は誰で、失点を防ぐ緻密な守備は誰がやるのか――といった発想で考えていく。そうすれば手抜き力の高い人も、緻密で細かさが持ち味の人も、どちらもお互いに力を発揮しやすくなります。

形式重視の人には、形式で対抗

ビジネス・シーンでは、まず形式ありきで、形やフォーマットを最重要視するという人にも出くわしますね。形式至上主義とでも言いましょうか、書類にしても「中身よりも形式のほうが大事だ」と言わんばかりに、書式や提出の仕方にばかり文句を言う人がいるんです。

型をつくってそこに落とし込めばムダを省けてシンプルになる。これが手抜き力の極意のひとつだということは何度か本書でも申し上げました。

ただしその型も、本質という中身があってこそです。論文にはフォーマットがあってそれに当てはめることで時間と手間の節約になるとも書きましたが、それも書きたいテーマがなければ論文になりません。中身がなくて型だけがあっても意味がないんです。いや、意味がないどころか、これほどムダな手間もないでしょう。

合理的思考を持っている、手抜き力の高い人がこうした形式至上主義の人と一緒に仕事をすると、正直言ってかなりのストレスだということは想像できます。

ではどうやって付き合えば、〝お互いに〟ストレスなく仕事ができるのでしょうか。

ポイントは、前述した「礼儀」の話と同様、形式やフォーマットを気にする人は、

フォーマットを押さえておけば文句を言わないという傾向があることです。

論文を提出すると、引用文献のまとめ方が書式と違うとか、そういう細かい部分だけを指摘してくる先生がいます。でも逆に考えれば、そういう先生は引用文献とか書式が合っているかどうかという部分しかチェックしていないとも言えるわけです。論文の中身云々よりも形式に則っているかどうかが評価基準になっている。

それならば、形式さえ守っておけば、その先生に出す論文はＯＫになる可能性が高いと言えます。

これは仕事でも同じで、上司が企画書などの書式にうるさければ、上司が納得する書式で書けばいいだけのこと。個性やオリジナリティは企画書の中身で発揮することにして、書式だけはキッチリと形式を守ればいい。そうすれば、相手も自分も余計なストレスを抱えずに済みます。言わば心と頭の手抜きです。

形式重視の人とは、相手が望む形式を押さえて付き合う。これが何よりの得策なのです。

今の大学では、授業の目的や内容をあらかじめ提示するというルールがあります。主に学生たちが授業内容を確認できるようにするためのもので、提示する授業概要のことをシラバスといいます。

かつて大学の授業は、各回の授業の終わりに「次はこの辺りを、こんな感じの内容でやります」と言うぐらいで、当日の内容は教員にすべてお任せというのがほとんどでした。ところがシラバスを掲示するようになってからは、「各回の授業内容を先々までずっと決めておけ」ということになりました。

教員にすれば、そういう授業は非常にやりにくいんです。講義というのはライブです。おもしろい質問が出てきたら、それをきっかけに予定とは別の方向に話が流れることもあります。全員が集中していて想像以上に授業が進むこともあります。シラバスという台本があっても、そう簡単に予定通りには進まない。だからこそ、おもしろさもあるんです。

とはいえ、シラバスを書くのは大学に勤める教員のルールです。全15回の授業なら、15回分、毎回何をどうやってどこまで進めるか、そこまできっちりと決め込んだ予定をつくらなければなりません。シラバスがそうした「書式」に則って作成されていないと突き返されることもあるんですね。

中にはこうしたやり方に反発して、自分の授業の本質はシラバスでは表せないと文句を言う先生もいます。

　確かに形式だけの計画表はあまり意味がないとは思います。でも私には、そこで抵抗したり文句を言って変えさせようとしたりする気はありません。なぜなら、それこそがムダな手間だと思うからです。要するに面倒くさいんですね。

　シラバスを出せとは、あくまで計画を出してくれということ。学校側も、シラバスの本質的なあり方や意義を議論をしようと言っているのではなく、とりあえず15回分を示してくれと言ってるわけです。それに、出したからと言って授業内容にあれこれ文句を言われるわけではありません。毎回毎回授業に視察が入るわけでもないんです。

　それならいっそ、きっちり形式に則って出しちゃえばいいじゃないと。**文句を言うよりも、さっさと1回から15回まで内容を割り振って提出してしまったほうが早いよ**と。郷に入っては郷に従え、形式重視の人には形式を押さえよ、というのが私の考え方なんです。

　そういう意味では、形式を最重要視する人だけでなく、形式を極端に嫌う人も仕事をする上では手間がかかるタイプと言えますね。

　フレームは形式通り。その分、中身で勝負すればいい。そう割り切って仕事に臨むことも、手抜き力の極意です。

手続き主義者が恐れるのは「責任」と「リスク」

「手続き」という言葉がありますが、今の社会ではどちらかと言うとマイナスに捉えられているように思います。あくまでも私個人のイメージですが、「煩瑣な、煩雑な、面倒くさい」という言葉を連想してしまうんですね。私自身が、世の中にあふれる「手続き」というものを好きではないからかもしれませんが。

「手続き」には2つの意味があります。ひとつは「入院の手続きをする」といった「必要な事務処理」としての手続き。もうひとつは「手続きを踏む」などと使われるような、「物事を行うための形式的な順序や手順」としての手続きです。

現代社会を見渡してみるにつけ、本来、何のためにあるのかが忘れられてしまい、機能していない手続きがものすごく多くなっている気がするんです。

とくに後者の「形式的な手順としての手続き」は、仕事をする際に非常に大きなムダを生み出していると思います。

何がムダかって、とにかく手続きが多い。例えば社内である申請をするのに、課長印、部長印、局長印――いったい、ハンコをいくつもらわなければいけないのか、と思うことがあるでしょう。それも1日で全員が押してくれれば、それほど問題もないのですが、「今日は○○部長がいないから明日まで待て」「○○局長は出張で来週まで出社しない」ということになると、いつまでたっても申請が下りないことも。

さらに困ってしまうのは、こうした手順としての手続きを重んじる人が少なくないということです。手続きに執着する人、手続きを満たすことにこだわる人と、効率よくムダを省きながら仕事をするにはどういうスタンスで接すればいいでしょうか。

ひとつ言えるのは、**手続き主義者は「責任を取りたがらない」人が多い**ということ。言い換えれば、保身の意識が強い人。もしくは責任を取ることにおびえている人が多い。

その仕事に関わるリスクを恐れるがゆえに手続きを多くして、何か不都合が発生したときに責任を負わなくていいように予防線を張ろうとするんです。問題が起きても、「私の責任じゃない。上もＯＫを出したじゃないか」というエクスキューズがほしいんですね。

そもそも本当に実力のある人、**仕事ができる人は手続き主義者にはなりません**。絶対に必要な手続きはもちろん確実に踏みますが、意味のない形だけの手続きは仕事を滞らせるだけということを知っています。

手続き主義の人に対する手抜きの目的は、手続きを簡略化して仕事の進行スピードをアップさせることにあります。

こちらはムダを省いて仕事をスリムに、スピーディにしたい。相手は責任を取ることが怖くてそれをよしとしない。こちらはムダがあることがストレスで、相手は責任を負うことがストレスになっている。こういう状況で相手を納得させるには、相手のストレスの元を取り除いてあげるのがいちばんの得策です。

つまりこの手続きを省略しても問題が発生するリスクがないこと。万が一、問題が起きても、完全にこちらが引き取るので相手に責任が及ばないことを、先に伝えておく。相手が持っている本能的な不安に対して、事前に「大丈夫」という担保を与えればいいんです。

そうすることで意味のないムダな手続きを省略することが可能になってきます。

手続きに固執する人は、上からの評価ばかり気にしている小動物のようなもの。社内的なポジションだけで生きている人だと割り切ることも必要だと思います。

それでも通じないのであれば、もう割り切ってマシーンになって、すべての手続きをクリアするしかないでしょう。これも形式主義者や礼儀主義者と同様に、それさえやっておけば文句を言わない人たちです。

手間暇や時間が余計にかかるけれど、彼らと関わり合うことそのものをムダと考え、

相手によって手の抜き方を変える

礼を重んじる相手

対処法：あいさつや基本マナーなど、「礼」だけは守る

↓

頭やメンタルをすり減らさなくて済む

細かいことを気にする相手

対処法：細かい作業担当と大筋を動かす人で役割分担する

↓

お互いの持ち味、得意技を生かせる

手続き重視の相手

対処法：手続きを飛ばしても、相手に責任が及ばないと説得する

↓

自分の作業効率が上がり、相手も安心できる

ポイント 融通をきかせることが生産性を上げる。

ここは目をつぶって、ほかの部分で省エネすると切り替えるしかありません。

4 リーダーこそ手抜きの達人たれ

チーム・マネジメントに手抜き力は欠かせない

リーダーシップと手抜き力、この2つは相容れない言葉に聞こえるかもしれません。リーダーが手抜きなんかしたらダメでしょう――確かにネガティブな手抜き（怠けるための手抜き、必要なことをしない手抜き）がよくないのは言うまでもありません。

しかし「手抜き力」となると話は変わってきます。組織をまとめ、コントロールして結果を出すことを任されたリーダーこそ手抜き力を磨くべきだと、私は考えます。

もちろん1人のビジネスマンとして、自分の仕事の省エネ化、シンプル化を徹底するためという意味もあります。

しかしリーダーには、自分のこと以上に、組織全体をスムーズに動かしていくための手抜き力、組織をマネジメントするための手抜き力が求められるのです。

米アップル社の創業者で２０１１年に亡くなったスティーブ・ジョブズ。

彼が「シンプルに考え、シンプルに行動する。そのためにムダを省く」という手抜き力の原理原則を徹底したことで、アップル社は大躍進を遂げたのは世界中の人々が知るところです。ジョブズは、組織構造も仕事のやり方も従業員の思考様式も、そして商品のデザインも、あらゆるものをシンプルにすることに力を注ぎ、シンプル主義を貫きました。

ジョブズの右腕と呼ばれていたクリエイティブ・ディレクターのケン・シーガルの著書『Think Simple―アップルを生みだす熱狂的哲学』には、アップル社（ジョブズ）がいかにシンプルを信奉していたか、シンプル思考がどのように徹底されていたか、その経営哲学がエピソードとともに記されています。

そもそもこの本の原題は『Insanely Simple』。これを日本語に訳すと「まともじゃないほどシンプル」「常軌を逸したシンプル」といった意味になります。ジョブズのほとんど正気の沙汰ではないシンプルの徹底ぶりがタイトルにも表れているんです。

もちろん内容もジョブズの徹底したシンプル哲学が垣間見られるエピソードが満載です。例えば――。

リーダーは、ひとつの製品にふたつのパッケージ案を作らせていた。スティーブはそれを無能な人間のすることだと考えた。「くっつけてしまえ」と彼は言った。「ひとつの製品に箱はひとつだろう」。箱の第二案を作ってはいけなかった。

（ケン・シーガル『Think Simple―アップルを生みだす熱狂的哲学』（林信行監修、高橋則明訳）、NHK出版、2012年、10頁）

シンプルなやり方＝簡単で楽とは限らないし、シンプルを目指すがゆえに時間やお金、エネルギーを多く費やすこともあります。でもシンプルなやり方は、たいていの場合、かなりいい結果をもたらす。著者のケン・シーガルはそう書いています。

もうひとつ、ジョブズのリーダーとしての揺るぎないシンプル哲学がうかがえる記述を引用しましょう。

シンプルであることに身を捧げるスティーブは、複雑なヒエラルキーにはがまんできなかった。（中略）彼は次のように言う。

大きくなったからといってなぜ変えなければならないのか、私にはわかりません。

（ケン・シーガル、前掲書、54頁）

企業規模が大きくなるほど、セクション分けが細かくなり、役職が増え、仕事の命令系統や手順、手続きなどが複雑になるもの。しかしジョブズは、組織が大きくなれば、少人数の頃とは運営の仕方も変わるという発想を認めなかったのです。

チーム・マネジメントにおいても徹底していたジョブズのシンプル哲学。ジョブズが実際に手抜きをしたということではありませんが、究極までシンプルを貫くという姿勢こそ、本書の主旨であるポジティブな手抜き、手抜き力の原理そのものだと私は考えます。

自分が任された組織をいかにムダなく、効率よく、結果を伴わせて動かしていくか。そうしたチーム・マネジメントに欠かせないのが手抜き力です。

組織全体のムダをそぎ落としてシンプルに、ミニマル（最小）に、ミニマム（最小限）にしていく。不要な手間を抜いていく。

リーダーこそ、手抜きの達人たれ。手抜き力とはリーダーの資質にも関わる、非常に重要なスキルなのです。

「ハーフタイム」という発想で組織のムダを省く

私はサッカーが好きでテレビでもよく観戦するのですが、そのとき選手の調子だけでなく、チームの指揮を執る監督の資質にも注目しています。そして、「この監督がいい監督なのか」を見分ける私なりのポイントがあります。

それは前半と後半の違いです。

サッカーの試合は前半と後半に分かれていますが、前半に比べて後半のほうが選手のプレーや戦い方がよくなっているチームの監督は、いい監督だろう、というのが私の監督見極めポイントです。

チームが強い弱いはこの際、関係ありません。弱いチームでも、後半のプレーが前半よりもよくなるチームは、監督に指揮官としての資質があると思います。

前半の試合状況を見ていて、これはムダだったというプレーを見つけて、選手にそれを提示し、必要なプレーだけをするように指示する。

「お前のゴール前での動きにはムダが多い。ボールまでの最短距離をもっと意識しろ」という感じでしょうか。

精一杯のプレーをしていてもムダな動きが多くなっている選手に、ムダを省く動きを指示して送り出す。もちろん、モチベーションが上がらない選手はバッサリと交代させる。そうすると、後半は見違えるようにプレーがよくなるんです。

そうした的確な指示を前後半の間、つまりハーフタイムにきっちりできる能力、私はそれを「**ハーフタイム力**」と名づけて、サッカーの監督としての資質を見分けるポイントにしているんです。

このハーフタイム力は、2つの要素で構成されています。ひとつは選手のムダな動きを試合中というリアルタイムの中で見極めていく力＝本質を捉える力。もうひとつはムダのない動きを的確に指示できる力＝必要なことだけを指示する力。

つまり、リーダーに求められる手抜き力のエッセンスそのものなんですね。

「ハーフタイム」という発想、実はサッカーだけでなく、日常の仕事にも応用できます。つまり、**ひとつの仕事をいくつかのブロックに分けて、その間に検証&修正タイムを設けるという発想**です。

仕事の途中に〝ハーフタイム〟をつくって、ここまでの仕事の仕方にムダはなかったか、仕事が滞り気味ならば流れを邪魔しているものは何か、役割分担に無理がなく適材適所で効率的だったかといったことを検証し、進め方のムダや効率の悪い不適合な役割分担があればそのつど修正していく。

こうした自己検証をしている組織が意外に少ないんです。最初に工程や役割分担を決めたら、ずっとそれでやっていこうとするケースが多い。

まず、最初に決めた戦術と布陣で全体の1〜2割まで仕事を進めてみる。そこで一度立ち止まって自省することが必要なんですね。

サッカーのハーフタイムは1回しかありませんが、仕事なら3回くらいは検証&修正タイムを設けたほうがいいでしょう。

手（手間）を抜く、ムダを省くということは、1回だけの検証ではなかなか徹底できないものです。私にも、ある作業にかける時間をもっと短縮するように指示したところ、1回目ではほとんど縮まらず、2回目に言ってもほんの少しだけ、3回言ってようやく短縮できたという経験があります。

ですからチーム内での**手間抜きを徹底するには、少なくとも3回は全体での検証をしたほうがいい**でしょう。まだほかにムダはないか、もっと省けないか、手間が抜けないか。

「あともう一声！」みたいな感じで3回くらい検証を重ねていくことで、みんながムダを省くという意識を共有できて、チーム全体の手抜き力がアップします。

それを先頭に立って指揮できる能力、それが仕事におけるハーフタイム力なのです。

「ハーフタイム」という発想、とくに部下を持つ管理職やプロジェクトチームなどのリーダーには、ぜひとも仕事現場で活用していただきたいと思います。

組織づくりに生かす「トータルフットボール」という発想

本書では何度かサッカーを喩えとして使っています。もちろん私がサッカー好きだからなのですが、そのほかに、現代のサッカーの本質が現代のビジネス社会のそれと非常に近いと考えているからでもあるんです。

求められる結果を出すために、状況を分析して対策を立て、そのときの現有勢力を効率よく使っていく。そうした戦略のもとで行われているサッカーは、現代ビジネスと非常によく似ています。似ているというか、むしろ**現代のビジネス社会以上にサッカーのほうが進化しているケースさえある**ように思えます。

そんな現代サッカーに多大な影響を与えた出来事があります。１９７４年に西ドイツで開催されたサッカーワールドカップでオランダ代表が用いた戦術でした。

その戦術とは、「ポジションが流動的に変わり、全員が守備、全員が攻撃を行う」というもので、「トータルフットボール」と呼ばれました。

そこにあるのは、試合の中では「ボールを持った人間がリーダーだ」という考え方。彼は攻撃するフォワード、私は守備をするディフェンダーと各々のポジションや役割を固定する従来のサッカーとはまったく違う発想から生まれた戦術だったのです。

フォワードは最前列にいるディフェンダーであり、攻撃の起点となるのは最後列にいるゴールキーパーであると。従来のゴールキーパーは守備専門のポジションだけれど、トータルフットボールではゴールキーパーやディフェンダーも攻撃を組み立てる。攻撃の組み立てができないディフェンダー、守備ができるだけのスペシャリストではダメという発想なんですね。トータルフットボールは、サッカーのひとつの理想形と考えられています。

前置きが長くなりましたが、ここで私が言いたいのは、トータルフットボールの考え方こそ、現代ビジネスにおける組織のあり方に求められているものではないかということです。みんなが多機能で、この仕事もあの仕事も、自分の部署の仕事も隣の部署の仕事も、みんながができる。誰かがいないときでもほかの誰かがフォローしてくれる。何かのときには誰々のかわりもできる。

担当や所属に関係なく、全員がすべての業務に精通していて、どの分野の仕事もできるように準備しておく。問い合わせの電話にも全員が対応できるようにしておく。これは言い換えれば「今ここにある仕事は、今できる人がやればいい」という考え方とも言えます。

全員が守備も攻撃もできるから、誰もが誰をもフォローできる。バックアップできる。これがトータルフットボール的なビジネス組織のあり方なのです。

みんながフォローし合えれば仕事にもムダが発生しにくくなります。「誰々さんがいないとわからない」という理由で仕事が滞ることも少なくなりますし、問い合わせにも「担当者がいないので後ほど」といったムダな時間を費やす対応もなくなってくるでしょう。

トータルフットボールの発想はフォロー体制、バックアップ体制を重要視する組織づくりの考え方であり、その体制づくりが仕事のスピードアップやムダを省くことにもつながっていきます。

そういう意味でもトータルフットボール的発想を組織マネジメントに取り入れることは、これからのビジネスに非常に有益なことだ思います。

定例会議をやめて、必要なときだけ集まる

会議の多い会社、会議の長い会社は伸びない、とよく言います。頻発する長い会議は組織力の低下を表すサインのようなもの、とも言われます。

確かに伸びている会社の会議はこの真逆。会議は少なく、あっても短い。

私もある組織で主任というかリーダー的な役割を受け持っていたことがあります。そのときには会議や打ち合わせの招集をすることもあったのですが、そのときに言われたのが、「齋藤さんが主任になってから、年間の会議の回数が減りましたね」「その上、一回の会議が短いよね」ということ。

私自身、会議が好きではなかったからそうしたのですが、ことのほかみなさんに感謝されたんです。

会議の減らし方は簡単。**定例会議をやめて、絶対に必要なときにしか集まらない、**という方針を徹底したんです。

週1回とか月1回、定期的に行われて、みんなが顔を合わせる定例会議。これはどの会社でも見られますが、そういう習慣をもうやめましょうと。会議というのは何かを決めなければいけないという必要に迫られたときに開けばいいもので、**必要もない**

のに集まるのは時間の浪費だというのが私の考えなのです。

集まって話し合うべき議題もないのに、定例だからというだけで全員が時間をやりくりして顔を揃える。そんな集まりは必要ないでしょうということで、定例会議は廃止にしてしまいました。

さらに「必要な会議」もできる限り短い時間で終わらせるようにしました。

会議にストップウォッチを持ち込んで、経過時間をチェックしながら、「そろそろ30分経ちましたから、この辺でまとめに――」「だいぶ時間も押してきたので（本当は全然押していなくても）、後はみなさん発言は1人30秒以内でお願いします」などと声をかける。タイムキープしつつ、会議をコントロールしていく。

するとみなさん、発言もスリムになって、大事なことだけを言えるようになるんです。これだけでも会議の時間がぐんと減りました。

また時間短縮のための工夫として、「決めるべきことは先に決めてしまう」というやり方にしました。議論するよりも決定しましょうということ。

だいたい長くて意味のない会議ほど、最初は「さ～て、今日は何を話しましょうか」というひと言から始まるもの。そこで、「今日はこれとこれを決めます」と最初に宣言しておき、片っ端から次々に決めていくというスタイルにしたんです。

これまでにくらべて会議の回数も、かかる時間も半減させました。当然、出席者が会議にかける労力も半減するわけです。

参加者全員に特定の時間を供出させて行うのが会議だとすれば、不要な会議を何回も、長い時間をかけて開くのは、人の時間を奪ってムダに浪費させているようなものです。

ですから用がなければ集まらない、決めることはできる限り早く決めてしまうといった会議のシンプル化に取り組むのは、会議を招集するリーダーの大切な責務なのです。

第4章

手抜き力を磨くトレーニング

15秒で伝える練習——本質を抽出する要約力を鍛える

ムダを省いて本質だけを抽出する力を本書では手抜き力と呼んでいますが、言葉を換えればそれは「要約力」という側面も持っています。

要約とは文章や物事の要点（本質）を見極めて、それを短く簡潔にまとめることです。

雑多な情報の中から、今もっとも重要なことだけを選り出して、なおかつシンプルな言葉で伝えることができる。**頭がいい人、仕事ができる人は、みな優れた要約力の持ち主**でもあるのです。

逆に、「企画書が回りくどくてわかりにくい」「話が的外れで、何かモタモタしている」というのは要約力の欠如によるものとも言えます。

私は大学の授業に、「15秒で伝える練習」を取り入れています。例えば「夏目漱石が『こころ』でいちばん書きたかったことは何か」というテーマについて、あなたの考えを15秒で話してくださいと。

「15秒くらい」ではなく、きっちり15秒で話させるんです。そのため、全員にストップウォッチを持たせて、常に15秒という時間を意識しながら話してもらいます。

最初のうちはみんな「15秒なんて短すぎる」という反応を見せますし、実際に時間が足りなくて言いたいことを言いきれずにタイムオーバーになったり、短くしすぎたために的外れな答えになったりでうまく説明できません。

ところが何度も続けていくと、「15秒」という時間に慣れてくるんですね。すると次第に、重要なエッセンスだけを抽出して短い時間でも簡潔に発表できるようになってくる。15秒でもかなりのことが話せる、かなりの情報を盛り込めることがわかってくるんです。

そうなると今度は逆に、「1分で話せ」と言われると、ものすごく長い時間に感じてしまい、枝葉末節というか外堀のさらに外を埋めるような話し方になってしまうんですね。

ちなみに、なぜ「15秒」なのか。その答えはテレビＣＭにあります。ＣＭの多くは15秒という尺で構成されています。テレビＣＭの目的は、商品やサービスのポイントを視聴者に伝えること。そのための最小単位が15秒なんですね。つまり15秒あれば、伝えたい要素、物事の本質は十分に伝わり、相手の関心を得ることが可能なのです。

また**人間が相手の話を聞くときの集中力は15秒程度しかもたない**と言われています。

例えば面接試験で、多くをアピールしようとするあまり長々と話してしまう人がいます。しかし聞いている面接官のほうは15秒もすると集中力が切れてくるんですね。伝えたいことが伝わらないばかりか、相手をイライラさせることにもなりかねない。

そうした意味からも、「15秒で簡潔に本質だけをまとめる」スキルは重要なのです。

15秒という短い時間で重要なことを説明するには本当に核となる部分だけを残して、後はバッサリ省略する必要があります。ダラダラと続く、とりとめのない、要点のはっきりしない話では、本質を伝えることはできません。

自分が言いたいことを簡潔に要約することは決して難しくありません。ポイントは次の3つしかないと、私は考えています。

①キーワードをひとつ
②最初に結論
③その理由

これだけです。

「ザッと目を通す」練習――情報をふるいにかけて本質だけを取り出す

以前、ある家電製品のよさについてコメントするという仕事がありました。私はいわゆる〝家電好き〟ではないので、難しいことやマニアックなことを話すことはできません。しかもそのときはあまり時間的な余裕がなくて、その製品についての詳細なレクチャーを受ける時間もありませんでした。

そのため直前の10分間くらいで説明書や資料から製品の優れた点や便利な機能、使い勝手などの情報を仕入れ、すぐに本番に臨まざるを得なかったのです。

こういうケースはよくあるのですが、そこで求められるのは、たくさんの情報を前にして、「これは必要、これは要らない」を瞬時に見分ける判断力です。この場合なら、資料にザッと目を通し、素早く要点を見つけ出す能力とも言えるでしょう。

スピード感が重要視される現代のビジネスシーンにおいて、**資料や情報に目を通すのが速いというのは非常に大切なスキル**です。いわば「ザッと目を通す力」ですね。

先の例で、製品の説明資料が20枚くらいあったとします。私の場合は、赤や青のボールペンを使って、見出しや重要と思われるキーワードに印を付けていきます。資料1枚に適当にマークしてめくるのに約5～10秒ぐらいのスピードですから、読むというよりは、まさに「ザッと目を通す」という作業です。

1枚に5秒なら20枚で100秒。1枚10秒でも20枚で200秒。1分半〜3分でまず1回、最後まで目を通します。そうすると気持ちが何となく落ち着いてくるんですね。

そしてもう一度最初から、今度はチェックした部分だけに目を通す。すると資料の中で**今は不要な部分はそぎ落とされ、本当に重要な部分だけが見えてきます**。その部分だけを頭に入れておくことで、その製品のポイントを端的に把握できるというわけです。

ただ、ザッと目を通してすぐに印を付けるべきキーワードやフレーズを見つけられるようになるには、それなりの練習が必要にはなります。

そのために私が授業でよく実施しているのが「ザッと目を通す練習」です。ビッシリと文字が書かれた資料をA４用紙で20枚用意して、制限時間内に自分にとって必要なところだけをピックアップして、それを人に説明させるというもの。つまり複雑な資料のポイントを短時間で読解して説明する練習です。

ここでも学生たちの多くは、最初はどれが重要な言葉なのか、何をピックアップすればいいのかがわからず、最後まで資料に目を通すことすらままなりません。

でもそのうちにみんな、目の通し方を覚えてくるんです。最初は一字一句読み込むスピードを上げようとしていたのが、いい意味で全体をザーッと読み飛ばせるようになってきます。その次は、読み流しながら同時に、重要な見出しやポイントとなるキーワードに目が行くようになる。

しばらくすると、「はい、ザッと目を通して」と言って20枚の資料を渡しても、1〜3分ぐらいあれば、その資料の肝となるかなりの部分を把握できるようになっています。

前項の「15秒で伝える練習」も、本項の「ザッと目を通す練習」も、物事の本質だけを抽出する能力、いわば情報を瞬時に〝自分のふるい〟にかけるスキルを鍛えるトレーニングなのです。

できるだけ小さい鞄を持つ——最小限を持ち歩くクセをつける

毎日の持ち物にちょっとした意識を向けることも、手抜き力やムダを省くスキルを磨くトレーニングになります。

ビジネスマンには不可欠な鞄、ビジネスバッグを例に取りましょう。最近のビジネスマンは持ち物もスマートになっていて、鞄もおしゃれかつ機能的なものが増えています。

私もいくつか仕事用の鞄を持っていますが、昔はかなり大きいサイズの鞄が多かったんです。普通の鞄にしても、ショルダーバッグにしても、大きいものを使っていました。

というのも、当時の私は、とにかくいろいろな物を鞄に詰め込むクセがあったんです。あれもこれもと入れすぎて、それでなくても大きな鞄がパンパンになる。

出勤すると、「齋藤先生、これから旅行ですか?」と真顔で聞かれたりして。大げさでなく、そのまま泊まり出張もOKという感じだったんです。

しかし、あるときから「もう大きい鞄を持つことをやめよう」と決心しました。そして鞄を新しく買ったり、買い替えたりするたびに、サイズダウンするように心掛けるようにしました。鞄をできるだけ小さくしたんです。

鞄が小さくなると、当然ながら入れられる物も減ります。それまで鞄の中で大きなスペースを占領していたのが本でした。いつも5～6冊は入っていたんですが、鞄が小さいから2冊くらいしか入らなくなります。

そのとき思ったんです。そもそも自分はこれまで、1日に外で5冊も本を読んでいたのだろうかと。実際は持っているだけで、結局は読んでいなかった。「もしかしたら読みたくなるかも」という発想だけで、ただ持ち歩いていただけだったんです。

それなら今日読むための本だけ持っていればいいじゃないか——そう考えたら、本だけで半分以下に減らすことができました。

同じように、「今日、出かけた先ではこれとこれをする」という目的を明確にして、持っていく物と不要な物を区別するようにした結果、そのほかの鞄の中身も一気に省けるようになりました。

鞄を小さくしたことで、**使わない物は持ち歩かず、必要最小限の物だけを入れればいい**という発想に切り替わったんです。

必要最小限の物を持ち歩く意識を持ってからというもの、毎朝出かける前に、1日の時間配分を考えて「今日はこれだけできればいいな」と目算を立てる習慣がついたということです。

さらには、どうやって時間を調整したって、今日この本を読める時間は1時間しか取れない。1時間で読めるのは20ページくらいかな。ということは本を1冊持っていくのは鞄のスペースのムダだなと。そう考えた結果、「じゃあ、20ページ分だけ取り外して持って行こう」という結論に到達。**本を解体して持ち運ぶという境地**にまで立ち至りました。

分厚い、500ページくらいある洋書のペーパーバックでも、「1日に読めるのってせいぜい1章分だな」と思ったら、章ごとに取り外して（つまり、破り取って）持ち歩くようにしました。その軽いこと、軽いこと（当たり前です）。

あまりに快適だったので学生たちに勧めたら、「そんなのイヤです」と、半ばあきれ顔で言われましたが。

でも本を買ったら、いちばん大事なのは「読む」ことで、きれいに保存することではありません。だとすれば、軽くして出先でも読めるようにするほうが、本を読むという本質にはかなっているんですね。もちろん、人から借りた本はこの限りではありませんが。

パッケージに収めるセレクト力を磨く――必要最小限を選び出す

今は電子書籍を読めるブックリーダーとか電子辞書といった、非常に便利で有用性の高い〝身軽になれる〟ツールがあります。読みたい本も、分厚い辞書も何冊でも片手に収まるサイズで持ち歩けるのですから。

あるいは、スマホやタブレットで本を読んだり、資料をチェックしたり、インターネットで調べごとをしたりと、さまざまなことができる時代になってきました。

身軽さを実現できるツールを上手に活用することも、これからの時代に手抜き力を発揮するためには必要でしょう。

そうした意味では、前項で述べた洋書をちぎって持ち歩くというのは、もう時代遅れの方法なのかもしれません。

しかし、何でも持ち歩けるようになった時代だからこそ、「必要なもの」を自分で考えて、目算して選び出す感覚が、より重要になるのではないかとも思うのです。

小さな鞄というのはあくまでもひとつの例であって、本当に大事なのは、パッケージに必要最小限を収める「セレクト力」です。

千利休がつくった茶室にしても、最初は広い部屋だったのを、空間のムダを省いて省いて省き抜いて、最終的には三畳足らずにまで凝縮し、その中に必要最小限の物を置くという「究極のセレクト」がうかがえます。

俳句にしてもそうです。五・七・五＝17文字というムダをそぎ落とし抜いたパッケージには、余計な言葉どころか、余計な文字すら入れられません。「これは要らない、これは要らない。ここところを省いて、これだけで表現する」という徹底的なムダ抜きが要求されるわけです。

五・七・五・七・七の短歌も同様ですが、昔の歌人たちは、こうした小さな定型をつくることで、不要なものを省略する感覚を磨いていました。そして、そこから省略の美学ともいえる日本独自の文学、文化が生まれてきたのです。

1日をいかに効率よく使うかというスケジュール管理、限られた予算をいかに使うかという予算計画など、**パッケージにあわせたセレクト力が求められる**シーンは少なくありません。

小さい鞄を買って、出かける前に持ち物を考えるのは、制約の中で最大限の成果を出すために、ムダを省いて必要最小限をセレクトする感覚の訓練でもあるのです。

仕事の「棚卸し」と作業の「断捨離」でムダを洗い出す

引越しを機に、ようやく不要な物が捨てられたという人がいます。引越しの前に不要な物を処分して家の中をリセットし、新居では不要な物がない状態で新生活を始める。そして改めて「最低限これとこれは必要だから、これだけ買えばいい」と、必要なものから揃えていく。

私はこの発想は仕事にも大いに転用できるのではないかと思っています。

今まで慣習やシステムだからという理由でやってきたけれど、本当は必要のないプロセスなのではないか、これはしなくても困らない手続きなのではないか、ということを改めて考える人のために、この発想は使えると。

仕事のムダを見直しましょうといっても、現状やっていることから「あれはムダか？　これは不要か？」とひとつずつ検証するよりも、**思い切って一度、全部やめてみる**という勇気も必要ではないかと思うんです。

古くて使い勝手の悪い家を、増改築して使うのではなく、一度すべて壊して更地にして、そこから改めて使いやすいような家を建てていくのと同じ考え方です。

ずっと続いてきた仕事のやり方には、システムという名の慣習、形式的なプロセスといったムダなことがあれこれ詰まっているものです。そのムダを「1割削減しましょう」などと言っても、なかなか変えられるものではありません。本格的なシンプル化には至らないでしょう。

それならば思い切って、いったんゼロにしてみる。更地にしてみる。更地にして新しいやり方を取り入れたら、もっとムダのない仕事の段取りが組めるのではないでしょうか。

「このプロジェクト、一回中止して、ムダを洗い直してみよう」

「この企画、全部白紙に戻して、効率のいい段取りをゼロから組み立て直そう」

「このやり方、10年前からやっているけど、最初から考え直してみようよ」

というある種、大胆とも思えるような発想も大事だと思います。

一度、本当に必要なもの、実は不要なものを、更地方式で洗い出してみる。いわば仕事の「棚卸し」のようなものです。

プロジェクトなどでも始めたら、**早めの段階で一度、棚卸しをしてみる**んです。仕事を止めて、「ここまでで何かムダはなかったか」「不要なプロセスがあったんじゃないか」と、振り返って評価してみる。

1、2か所程度の修復で改善するのであればもちろんそれでいいのですが、修正箇所が多いとか、修正ポイントがつかめないといった場合には、更地に戻す、つまり最初から進め方を考え直すという選択もありだと思います。

「断捨離」という言葉は、今やすっかり世の中に定着しました。断捨離とは、ムダを持たない（断つ）、ムダを捨てる（捨てる）、ムダに執着しない（離れる）という発想で、シンプルに生きようという考え方のこと。

これは本書でいう手抜き力の概念と非常に近いものがあります。

私は、部屋の片づけの「モノの断捨離」は苦手ですが、「作業の断捨離」は大好きです。

何がムダなのか、何を省いたらいいのか迷ったら、棚卸しをしてみる。場合によっては更地に戻して「断捨離」をしてみる。そうすることで過去のシステムや慣習への執着もなくなり、効率重視の仕事の進め方を再構築できる可能性も高くなるでしょう。

「3」という数字を意識して、シンプル思考のクセをつける

私は「3」というのは神の数字だと思っています。ですから事あるごとに「3つ、3つ、3つ」と言い続けているんです。

何かを3つのポイントにまとめるとか、3つに分割するなど、世の中のたいていのことは「3」を意識するとうまく運ぶことが多いんですね。

授業をしていて「産業革命がすごいよ」と教えるときに、なぜすごいのか、ポイントを3つにまとめて説明する。

「ファシズム」について教えるときも、「ファシズムの本質を3つ挙げましょう」と、3つにまとめさせる。いつも「3」で括るのが私の授業スタイルです。

私に限らず、多くの人が「3」という数字に安定感や納得感を感じているのではないでしょうか。「心・技・体」とか、「真・善・美」とかサイズ表示もたいていは「S・M・L」が基本だし、信号も「赤・青・黄」の3色です。

例えば信号がもし4色になると、多分事故が多発するのではないかと思います。青が黄色になって、そこから赤になる。この色配分が精一杯で、違う色がひとつ加わると、一気に曖昧さが増してしまうんです。

「1」だと対比するものがなくて説得力に欠け、「2」は対になるだけで思考が広がらず、「4」だともう面倒くさくなって曖昧になる。

「3」は多過ぎず少な過ぎず、思考が広がりやすい、〝ちょうどいい〟数字なんです。

ですから、学生に授業案をつくらせるときも、「3」を意識させています。メインになる問いを3つ立てて、授業に山を3つつくりましょう、3つの小さい問いに答えることがその先にある大きな問いの答えになるような仕組みを考えましょうという具合です。

そうすることで授業が極めてシンプルになるんです。教える側も、教えられる側も非常にわかりやすい授業になるんですね。

問いを3つ立てて、大きな問いに答えるという思考スタイルは普遍的なものです。

例えば、新製品の売り上げが伸びずに対処策を考えるときでも、

①商品そのものに問題はないか
②価格設定に問題はないか
③市場や顧客のニーズに合っているか

などといった3つの小さい問いを立てて、それをキッチリと検証していく。4つでは理由が多すぎて会議がまとまらず、1つや2つでは少なすぎます。

最初から大命題に取り掛かっても、問いが大きすぎて焦点がボヤけてしまいます。「どうして売れないんだ？　何か理由があるだろう」となって、何となく話し合う、何となく書くっていうのは駄目なんですね。

「3」はシンプル思考、シンプル行動のカギとなります。ですから普段から物事を「3つ」という意識で考える習慣をつけることをおすすめします。

例えば、おいしいレストランで食事をしたときの感想でも、「このお店、最高だね」では「1つ」だけです。なぜ最高なのか3つ挙げてみましょう。味がいいのか、内装がいいのか、店員の対応がいいのか、コストパフォーマンスがいいのか——。自分にとっての3つの最高ポイントを挙げてみるんです。

「○○だった理由を3つ考えてみよう」「○○のファンを続けている理由を3つ挙げてみよう」というように、「3」という数字を常に意識することが、頭のなかを過不足なくシンプルに整理するためのトレーニングになるんです。

自分が話すときもメモをとる

　手抜き力を上げるために、会議や打ち合わせのときにぜひ実践していただきたいのは「メモ」をとることです。「そんなのは当たり前」と思われるかもしれませんが、私がいうのは、「自分が話しているときもメモをとりましょう」ということです。

　これは、私自身が取り入れている方法で、取材のときでも大学で講義をするときも、講演のときも、メモをしながら話します。今では、メモを取らないと取材などでも話しにくいほどに習慣化しているんです。

　対談取材のときでも、相手と目線を合わせながら、時には手も動かして、「次の話題がこっちに流れたら、この話を持ってこよう」などとメモに書く。なので、**話がプッツリ途切れて沈黙になることがあまりありません**。

　もちろん対談しながらですから、きちんとしたメモではありません。いらない紙の裏を使った、自分さえ読めればいいというラフなものです。

　コメンテーターとしてテレビ番組に出るときも、その習慣は変わりません。常に手元でメモをとっています。

　テレビの場合はメモを見ながらコメントするのも難しい状況が多いのですが、そのときでもメモは欠かさない。それは自分の頭を整理するためにやっているからです。コメントの「台本」を書いているのとは違うんですね、

私の場合は3色ボールペンを使います。それで重要度や優先順位に合わせて色分けするんです。赤でメモした部分だけは絶対に話そう、赤から話さないと時間が足りなくなるな、という段取りを組むんですね。

とくにテレビの場合は、自分に与えられるコメント時間はほんの10～15秒程度程度のもの。ですから、赤いメモのところだけをパッと話して終了ということもありますが、それでもメモがあるおかげで的を外さないわけです。

マッキンゼーで14年間活躍し、ベンチャー経営支援などで手腕を発揮されている赤羽雄二さんも著書の中でメモの重要性を説いています。

> メモに書くことで、もやもやした思い、懸案事項、考えも整理される。頭がすっきりする。もやっとした思いを言葉に直し、手書きし、目で確認することで、メモが外部メモリになる。そうすると、驚くほど頭の働きがよくなる。
>
> （赤羽雄二『ゼロ秒思考　頭がよくなる世界一シンプルなトレーニング』ダイヤモンド社、２０１３年、65頁）

私も同感です。自分の考えをメモという形に落とし込むことで、頭の中を整理し、いくつもある要素の中から重要なものをセレクトすることが可能になるのです。

もちろん、自分の話だけでなく、人が話していることをメモするのも非常に大事です。

学生たちを見ていると、レポート提出のときに「これだけはやっておきなさい」と何度も言っているのに、そこをやってこない学生、それを外してくる学生が少なくありません。

当然、レポートの内容は的外れになる。いちばんのポイントを外しているのですから、いくら書いても的外れにしかなり得ません。

あれほど繰り返し言っても、これほど的外れなことが起きる。その原因は、人の話をきちんと聞いてないというのが圧倒的です。

ちゃんと話を聞いてメモをとっておけば、ありえないレベルのことなんです。メモをしない人には的外れな人が多い。的外れなことは、イコール、ムダなことです。

人の話を聞くときも、自分が話をするときも、まずメモをとる。この習慣をつけることは、**日常のムダな労力を減らすのに非常に有効な手段**になるのです。

あとがき――手抜き力とは「的外れ」をなくすスキル

仕事でも日常生活でも、先にきちんと話を聞いていれば、こんなムダなことをしなくて済んだ、二度手間にならずに済んだ、ということが多々あると思います。

以前、対談をさせていただいたクリエイティブ・ディレクターの佐藤可士和さんは、かつて、相当のエネルギーを注いで仕上げたデザイン案を提出したら、ひと言、「それ、全然違います」と却下された経験があるとおっしゃっていました。

打ち合わせ時のコミュニケーション不足によるムダを痛感した可士和さんは、それ以降、クライアントとの打ち合わせでは、深い部分、細かい部分まで、その意見を徹底的に聞き込むようにしたのだと。いわば「問診」です。そうすることで、一気に仕事にムダがなくなったといいます。

私は講演会などに呼んでいただく機会があるのですが、始める前には主催者サイドの方と必ず、「今回の話の中で、絶対に触れてほしいことは何ですか？」「話に盛り込んだほうがいい要素はありますか」という確認をするようにしています。事前にテーマなどを聞いていたとしても、あえてもう一度、直前に再確認します。

そうすることで、的外れを回避できるからです。話の内容にそったエピソードや引用など、いろいろと準備していったとしても、肝心の「これだけは」という部分で、的外れなことをしてしまっては元も子もありません。

そこを外さなければＯＫ、それさえ押さえておけば大丈夫という本質ポイントの確認は、私にとって欠かすことができない「ポジティブな手抜き」なのです。

仕事や生活の中で、ムダ手間や回り道を生み出すいちばんの原因は、こうした「的外れ」にあります。

本来しなくてもいいことに手間や時間をかけるムダ、必要なことをしなかったことで後になって発生する手間や時間のムダ、これらはすべて「的外れなこと」をしなければ回避できる。

つまり、本書で申し上げた「手抜き力」とは突き詰めると、こうした「的外れなことをしない能力」なのです。

今の世の中は、本当に的外れなことが多いという感じがします。

私も若い頃に苦い経験がありますが、試験を前にして、本来ならば苦手な教科の点数を底上げするための勉強をするべきなのに、得意な教科をさらに伸ばす努力をしてしまう学生がいます。

これなども、まさに的外れな努力です。得意教科の90点を95点にしても仕方がない。それよりも30点の苦手教科を何とかするのが大事なのですから。

ビジネスでもそうです。仕事がスムーズに進まないとき、そこには間違いなく「的外れな意思決定」や「的外れな段取り」「的外れな努力」が存在しています。そして、ほとんどの人が、自分が的外れなことをしている、仕事が的を外れているということに気づいていないのが現実ではないでしょうか。

例えば社内会議で使う資料を用意することになったとします。

そうすると、パワーポイントできれいにまとめて、凝った表紙で美しくパッケージして、念のための補足資料をインターネットから探して大量にプリントアウトして――と、それこそ1日かけて、遅くまで残業して作成する人がいます。

しかしその資料は取引先に提出する正式なものではなく、所詮は社内での企画検討や意思決定のための材料に過ぎません。

そうした会議に、見栄えの美しい資料を用意すること自体が、すでに「的外れ」です。

しかも会議に出しても、ほとんど読まれないこともあります。徹夜してつくったのに結局、会議ではほとんど使われないことも少なくないでしょう。つくった資料がムダになったという手間の損失、そのために丸々1日をムダにしたという時間の浪費、徒労感によるヤル気やモチベーションの低下――。「的外れなこと」は私たちから貴重なものを奪っていきます。

資料をつくる側と、それを命じる側とが、「見てわかればいい。美しくつくる必要はない」という共通認識を持っていれば、この的外れは解消できたはずです。

そうすれば、資料作成に丸1日も必要なかったかもしれないし、その分、本来の業務に充てる時間がもっと取れたかもしれません。

ダラダラ続く的外れな会議にしても同じことが言えます。今、ここで話し合わなくていいことなら後にしましょう。本当に必要なときに改めて集まりましょう、という意識をみんなが持てれば、形だけの会議にかけるムダな時間を省略できるはずです。

そうすれば、その時間を新しい企画の立案や新規開拓の営業に割くことだってできるでしょう。

「的外れ」をなくして不要な手間を省く能力=手抜き力とは、ムダに浪費され、垂れ流されてしまう貴重な時間を取り戻すスキル、いわば「時間の錬金術」なのですね。

私たちは時間を無尽蔵に持っているわけではありません。人生という限られた時間を生きています。

ちょっとした的外れでムダにした1時間、意味のない会議で浪費した1時間は、もう二度と戻ってこないかけがえのない時間だということを、私たちは忘れてはいけません。

上手に手を抜いて、常に本質を外さず、常にシンプルを目指す。

それは、自分と自分以外の人たちが持っている、限りある貴重な時間に「敬意を払う」ことである――私はそう思うのです。

身体運動も、うまく力が抜けていないと最大の力は発揮できません。上手に抜くことで体質をガッとつかまえる。そんな技を身につけて頂けたら幸いです。

この本が形になるに当たっては、柳沢敬法さんとKKベストセラーズ書籍編集部の北田智広さんから大きな御助力を頂きました。3人のチームプレーで的外れでない仕事になったかと思います。記して御礼申し上げます。

齋藤　孝

装丁／野村勝善
本文デザイン・図版／デジカル
編集協力／柳沢敬法

39401

齋藤《さいとう》　孝《たかし》

みんながラクになる“働《はたら》き方《かた》改革《かいかく》”
できる大人《おとな》の「手抜《てぬ》き力《りょく》」

●——二〇一八年三月三〇日　初版発行

発行者——塚原浩和
発行所——ＫＫベストセラーズ
〒170-8457　東京都豊島区南大塚二-二九-七
電話〇三-五九七六-九一二一（代表）
http://www.kk-bestsellers.com/
印刷所——錦明印刷　印刷所——ナショナル製本

●——落丁・乱丁本はお取替えいたします。
定価はカバーに明記してあります。

Printed in Japan ISBN978-4-584-39401-4